THE LADDER

Successful Change in Work and Life

行为改变之梯

摆脱无效改变，实现终极目标

[荷] 本·泰乐（Ben Tyler）著

张羽佳 译

電子工業出版社

Publishing House of Electronics Industry

北京 · BEIJING

版权贸易合同登记号　图字：01-2022-5126

图书在版编目（CIP）数据

行为改变之梯：摆脱无效改变，实现终极目标 /（荷）本·泰乐（Ben Tyler）著；张羽佳译. —北京：电子工业出版社，2023.1

书名原文：The Ladder:Successful Change in Work and Life

ISBN 978-7-121-44452-4

Ⅰ.①行… Ⅱ.①本…②张… Ⅲ.①个人行为—通俗读物 Ⅳ.①C912.68-49

中国版本图书馆CIP数据核字（2022）第195725号

责任编辑：吴亚芬　　特约编辑：王　璐

印　　刷：北京捷迅佳彩印刷有限公司

装　　订：北京捷迅佳彩印刷有限公司

出版发行：电子工业出版社

北京市海淀区万寿路173信箱　　邮编：100036

开　　本：880×1230　1/32　印张：6.25　字数：149千字　彩插：8

版　　次：2023年1月第1版

印　　次：2023年9月第3次印刷

定　　价：78.00元

凡所购买电子工业出版社图书有缺损问题，请向购买书店调换。若书店售缺，请与本社发行部联系，联系及邮购电话：（010）88254888，88258888。

质量投诉请发邮件至zlts@phei.com.cn，盗版侵权举报请发邮件至dbqq@phei.com.cn。

本书咨询联系方式：（010）88254199，sjb@phei.com.cn。

国际同行对本·泰乐博士的评价

本·泰乐深切关注我们在成为更好的领导者、改变生活和做出真正的贡献方面所面临的挑战。本的独特才能是将坚实的科学研究转化为鼓舞人心的实用建议。

——史蒂芬·R. 柯维博士（Dr. Stephen R. Covey）

本·泰乐不只是激励你去实现梦想、去冒险、去行动，他还会教给你一些技能和技巧，让你把良好的愿望变成现实。

——肯·布兰佳博士（Dr. Ken Blanchard）

本·泰乐是人类行为与变革领域的一位鼓舞人心的培训师和作者。你会发现他的书和想法非常实用，非常现实，而且读起来很有趣！

——马歇尔·戈德史密斯博士（Dr. Marshall Goldsmith）

推荐序

作为一名工业和组织心理学家，我在学习与发展领域工作已经超过30年。我曾支持许多人实现行为改变。我帮助他们提升软技能和领导力，改变自己在职场中的行为，成为更好的职场人或领导者。

经过这么多年，我发现，改变行为并保持下去是十分困难的。每个人一开始都怀抱着美好的愿望，为自己设定好目标，但一段时间过去，我们很轻易地就重拾旧习，或者不再坚持新行为。

很长一段时间里，我一直思索，为什么可持续的行为改变如此困难？作为一名心理学家，我知道有很多相关研究，探究了有效和无效的行为改变方法，但大多数都不成体系，只关注某些局部问题。我一直没有找到一个清晰且有体系的模型，能够有效、可持续地改变行为，直到我看到了《行为改变之梯》这本书，在这本书中，本·泰乐博士将可持续行为改变的奥秘一一道来，将大量科学研究知识转化成小巧而全面的“梯子”行为改变模型（以下简称“梯子”模型），以让任何人都能立即明白和理解，这令我惊叹不已。在那一刻我便下定决心，想把《行为改变之梯》带入中国。这个愿望终于得以实现。

这次的中文版特意添加了自我测评问卷（扫码免费测评），方便读者自行评估，获得反馈，了解自己可以在哪里改进，以更好地实现行为改变。对于那些喜欢深入研究并想学习更多的读者，我们将组织由认证培训师主持的共读活动。认证培训师还将为培训师、教练、专业人士和领导者提供研讨会和培训活动，探索如何将“行为改变之梯”学以致用。

如果你是教练或培训师，你可以使用“梯子”模型和工具来帮助客户成为最好的自己，帮助他们成功改变，自我成长。如果你是职场人或领导者，本书为你提供了实用的工具和技巧，以设定现实的目标，明确理想的行为，并安排有力的支持手段，成功实现行为改变。我们都知道，体验到成功，我们就会有动力去做更多事情，让生活更加充实。这把“梯子”会助你更上一层楼，更成功，更幸福。

在此，我想感谢帮助我们将《行为改变之梯》和“梯子”模型带入中国的所有人。首先是本·泰乐博士，感谢他在25余年间孜孜不倦，钻研打磨“梯子”模型。感谢翻译张羽佳，感谢她字斟句酌，将此书翻译成中文。感谢出版社与我们紧密合作，令此书得以面世。感谢第一批认证培训师（李婷、高煊、孙伟、张喜梅、孙臻、李晶、陈静、Yoyo Xu、陈妍凝、蔡桑），感谢他们在第一时间看到了《行为改变之梯》的价值和可能性，并开始组织共读活动、研讨会和培训课程。还要感谢所有思腾的同事，特别是李婷和张嘉瑜，感谢她们出色的组织工作，以及在推广《行为改变之梯》上付出的大量精力。

最后，我还想特别为各位读者送上衷心的祝愿，希望你在阅读本书和尝试运用“梯子”模型时，感受到学习的鼓舞和喜悦，因为“梯子”模型的奥秘就在于每一天的学习和尝试。当今时代，终身学习是必须的，且应是有趣的。百尺竿头，更进一步，《行为改变之梯》中的理念可以让你成为最好的自己。

祝愿这本书可以帮助你过上更富足、更快乐、更幸福的生活。

戴思通

思腾中国CEO及董事

目录

1　只花几分钟讲完整个模型　001

2　为什么改变如此重要　013

3　为什么改变行为如此困难　031

4　“梯子”：变革的三级台阶　051

5　最重要的一步：设定一个目标　069

6　中间一级台阶：明确行为　091

7　最下面一级台阶：安排支持　111

8　实际运用“梯子”　135

附录：行为改变的自查清单　163

致谢　190

关于本·泰乐　191

1

只花几分钟讲完整个模型

- “梯子”（The Ladder）模型总览。
- 成功变革的首要诀窍！
- 变革由自己开始……但是，你有没有想过，这是为什么？

省去前言，略过冗长的概述，我就只花几分钟，为大家讲一讲改变之梯的精髓。

改变在当今社会中起着至关重要的作用。这不足为奇。改变往往也是必要的、可取的。

想在市场上保持领先地位的公司需要不断创新。而任何想在事业上有所作为的人，都必须采取某种行动。为了解决许多社会问题——从医保成本问题到教育工作者的工作量问题——人们也必须在变革上下功夫。如果我们想提升自己的人际关系，也需要下功夫去改变。

但在以上所有这些情况中，只有出色的计划和良好的意愿并不能起到任何作用。你制订了绝妙的计划，却不执行，就和没有计划一样无效。

如果你想改变，就必须采取行动。如果你想改变，就必须做出新的、不一样的行为，改变那些令你陷入当下想要摆脱的境地的行为。

几乎所有改变的核心都是行为的改变。我们希望领导者有不一样的行为表现。我们希望看到员工、公民、客户和教育工作者做出不一样的行为：更加友好的行为、更加以客户为中心的行为、更加有创造力的行为、更加健康的行为。新的行为会带来新的、更好的结果。

你制订了绝妙的计划，却不执行，
就和没有计划一样无效。

然而，说起来容易，做起来难。改变并不是轻而易举的。放弃旧有的习惯，并用新的行为取而代之，是一件难事。如果我们所处的社会环境保持不变，没有看到改变的需要，那么就很难改变。如果我们不真正相信自己能够改变，那么就很难改变。

这也让我们关注本书的核心问题：你怎样做到？你如何落实新的行为，并因此实现成功的改变？

“梯子”的三个步骤

我设计了一个简单而实用的模型，来解答这些问题。想象一下，一个“梯子”，有三级台阶。

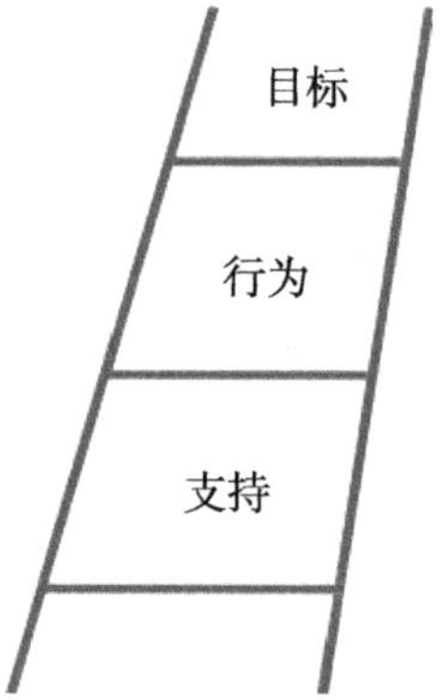

“梯子”：一个简单而实用的模型

（1）最上面一级是你所追寻的目标。换句话说，就是你想看到的那个产出、成果、进步。

例如，在工作中，我想减少压力，增加乐趣。

（2）中间一级是你需要的、能使你更接近这个目标的行为。对行为的表述要清晰、具体。换句话说，就是你可以做出和效仿的行为。

例如，每个工作日开始时，我都会不看电子邮件和关掉手机。然后，我会花半小时处理那些在我看来最重要的任务。

（3）最下面一级是你需要的、能帮助你做出预期行为的支持，也就是能够帮助你开始新行为并将其保持下去的技巧。这种支持不仅是“如果能有就好了”，而是绝对的必要条件：没有这一级阶梯，你就不可能成功。许多改变之所以失败，就是因为没有适当的支持。

例如，作为提醒，我把自己设立的改变意愿写在便条纸上，贴在桌子上，让我可以一直看到它。此外，我每天都会用手机来记录自己是否成功地按这个意愿去做了。每周五下午，我都给一个好朋友打电话，我们一起讨论这一周的进展，以及我正在努力进行的改变做得怎么样。

目前，已经有成千上万本关于改变的图书出版。这些著作往往满是最令人印象深刻的图表、模型和行动计划。在过去的几年里，我一直在自己的工作中使用这个三级台阶的“梯子”图形。它很简单，很有效，而且很管用！我把这个简单易行的变革模型称为“梯子”（The Ladder）。你可以把“梯子”想象成一个总览性行动计划，由你自己在空白部分填上相应的内容。如果你这一步做对了，改变就会变得容易许多。

三个诀窍

但是，我所说的“做对了”，又是什么意思？嗯，这就是本书剩下的部分将讲解的内容——关于变革心理学的大量实用的洞见和技巧。

在这里、在现在，我先送给大家一些最有用的诀窍！它们是我根据自己多年来在变革领域的学习和研究得出的三个最受欢迎的领悟——它们各自对应“梯子”的一级。那么，我们就开始吧：目标诀窍，行为诀窍，还有支持诀窍。

目标诀窍

从个人发展的角度来制定你的目标，而不是从你想达到的业绩表现的角度来制定。

换言之，不要对自己说：“今年年底，我想在年度评估中获得80分。”而要说：“在未来的一年里，我想成长为一个更能带动他人的领导者。”

成长目标往往比绩效目标更有效，这尤其适用于变革。成长目标可以给你帮助，让你把旅途中所犯的错误不看作失败，而是学习；把错误不看作退步，而是前进。

例如，对一个要求自己必须表现好的足球运动员来说，如果他把球射过了球门上方，他的反应会是惊慌失措。而一个被赋予学习和成长自由的运动员会保持冷静，并会思考：下次我需要射得更低一点。

行为诀窍

总是从你绝对确定自己能够做出的行为开始。试着像婴儿学步一样，从小之又小的行动步骤开始。

比如说，你的目标是减少早上的时间压力，那么你可能会决定比平时早起一小时。但你也可以决定采取很小的行动步骤，如每天比前一天早起一分钟，持续两个月，直到你达到早起60分钟的目标。

这些小的、简单的行为意愿至少能帮助你开始行动。而且它们会让你在足够长的时间里坚持某种行为的改变，增加使新行为成为习惯的概率。

支持诀窍

最强有力的支持诀窍之一是“行为自我监控”。这意味着每天至少跟进一次你是否真正执行了自己的改变意图。（当然，“行为自我监控”应发生在你制定好一个具体可行的行为意图之后！）问自己一个问题：我今天做到了我想做的事情吗？在纸上或手机上记录下你的答案。

使用“梯子”是很简单的。首先，你要给自己想要的变革做一个彻头彻尾的计划。明确你的目标，将目标转化为行为，并安排好所需的支持。

其次，“自上而下”地实验你的计划，看看它是否有效。安排好相应的支持技巧，尝试新行为，并努力实现你的目标。在这个过程中，看看进展如何，并在必要时进行调整。

简而言之，这就是“梯子”。

本书的内容

读完本书，你期待收获什么？你将一步一步地了解到是什么让改变如此重要，却又如此困难。这就是我将在第2章和第3章要讲的内容。你会看到如何在实践中使用“梯子”——在你的工作中和工作外。这就是我将在4~8章探讨的内容。

在本书的最后，你会发现一份附录：一份包含82个实用技巧的清单，全部来自行为科学。如果你想开始使用“梯子”——无论是你自己使用还是在组织内使用——并且你正在为使用这三级台阶（目标、行为、支持）寻找灵感，那么这份清单就非常有用了。它会告诉你，怎样以正确的方式填充你的行动计划。

本书的目的是帮助你——无论是在工作中还是在生活中，或者两者兼有——以结构化的、有效的方式达成你想实现的、你认为重要的改变。

从自己开始

本书中的许多例子都适用于那些想在工作中进行变革的个人。但你也可以将本书提出的想法用于团队、家庭、组织、社区或其他人群。

但我给你的建议（基于我的个人经验）是，首先在自己身上实验本书中列出的想法。为什么？因为这将帮助你避免为他人想出一些并不真正可行的目标，或者是根本不可能实现的行为，又或者是在实践中永远不会奏效的支持方式。

先自己去尝试，这会帮助你对改变形成实事求是且现实的看法。这样一来，你就能够在改变的问题上越来越好地帮助其他人。

尝试，会让你对改变建立实事求是的看法。

总结

把改变想象成一个有三级台阶的“梯子”。

- 最上面一级是你想实现的目标。
- 中间一级是达到该目标所需的具体行为。

- 最下面一级是你做出该行为所需的支持。

思考题

你在考虑做出什么变化?

带着一个具体的目标来阅读本书，会让你的阅读体验变得更加愉快和有效。如果你开始记录自己的“改变日志”，那么改变会更加有效。在日志中，你可以记下本书中吸引你的想法和见解，并开始将一些重要的诀窍应用于你想做出的改变上。

2 为什么改变如此重要

- 改变：你为什么想要？
- 170多年来人们一直致力于的一个“小”变革……
- 最薄弱的环节是……你自身的行为。

对一个行为学家来说，作为会议或大会的最后一位发言人是很有趣的一件事。我经常会问听众这两个问题。

（1）有谁今天听到了一些内容，让你觉得自己必须利用这些内容做点什么？

（2）有谁认为自己真的会去做？

对于第一个问题，几乎所有人都举起了手。对于第二个问题，至少有一半的人又放下了手。

很多人都有这样的体验：你可以从一个精彩的故事中受到启发，但真正用它做一些事情的可能性相当小。虽然我并不想这么说，但往往启发很轻易地就成了挫败。

但是，不要认为我讲这些是因为我在改变自身行为这方面比大家顺利很多。我也不是变革的天才，即便我已经潜心研究过！

和大家分享一个我自己的例子。我在1993年第一次读到一种叫作“自传式倾听”（autobiographical listening）的现象。

“自传式倾听”是一种恼人的倾向，它是指有些人会基于自己的视角来对话交流。你肯定遇到过这类人。他们会用“噢，我那天也遇到过这样的事……”或“我来跟你讲讲我的经验吧”诸如此类的话来打断你。

我之所以知道我在1993年读过这方面的内容，是因为我最近又拿起了这本写到“自传式倾听”的书。年轻时的我在这本书的第一页记录了日期，还在关于“自传式倾听”的部分画了两条下画线，并加了一句话：“在这上面下功夫！”

真正令人烦心的是，25年后，我居然完全不记得这件事了！我意识到自己并没有按照这个想法执行，我仍然频繁地——过于频繁地——根据自己的观点听别人讲话。

那么我应该怎么做呢？最后，我只是决定重新开始改变。少一些“自传式倾听”，多一些共情式倾听。开启第二次尝试。

可以看到，改变根本就不是那么容易的。但是，如果你认为实施一项被拖了25年的改变是一件非同寻常的事，那么在本书后面你还会读到更不可思议的故事。不过，首先我们来看一看：倘若改变如此棘手，你到底为什么要改变？

改变：你为什么想要

我们都听说过这样的话：不是每次改变都是一种进步，但对每次进步来说，改变都是必要的。

不满意往往会触发你改变的意愿。举几个例子。

- 你感觉自己被压得喘不过气来。在工作中，你不断地救火，但你的待办事项清单永无止境。
- 作为一名经理，你想激励你的员工，帮助他们真正享受他们的工作。但你觉得自己并没有真正成功。
- 你试图关注自己的健康状况，但每个月体重计都会告诉你，你又重了一些。
- 你是一名企业家，每周都耗费越来越多的精力寻找新客户。
- 在家里，家庭争吵每个月都在变得越来越频繁。

虽然很遗憾，但事实上，在许多情况下，改变的欲望源于对现状的不满。

在商业领域，比起竞争和技术发展，变革的动力通常来自对落后的恐惧。

改变的欲望源于对现状的不满。

根据商学院教授丽塔·麦克格拉斯（Rita McGrath）的观点，在商业领域，稳定性必定会成为历史。在过去，公司制定长期战略以建立持久的优势。它们有独特的、知名的品牌产品，没有其他人可以复制。这种类型的公司仍然存在……想一想宜家、联合利华、通用电气。但这样的公司并不多，而且这些公司雇用的人数是有限的。

麦克格拉斯教授认为，人们必须意识到，今天这个时代，所有的一切都只是暂时的。人们必须不断地改变。每个竞争优势，无论是组织层面的还是个人职业方面的，本质上都是暂时的。她把这些称为“瞬时优势”。

她这番分析的逻辑结果是，组织内最重要的过程将是创新、发展、学习和变革。

正如我之前所说的，改变的欲望源于对现状的不满或恐惧的境况。

而在许多情况下，人们常常会感觉到一种紧迫感——机不可失，时不再来。例如，你有机会在工作中获得进步。但这个机会是暂时的，如果你不迅速采取行动，很可能会错失时机，而且还有很多候选人在你后面排队。

强烈的改变意愿对于变革的开始是必不可少的，但这还不够。通常情况下，你知道你必须改变，你也想改变，但你仍然没有付诸行动。下面这个故事就是一个典型的例子。

洗手：超过170年的奋斗历程

这个故事始于1846年的维也纳。匈牙利医生伊格纳斯·森摩尔维斯（Ignaz Semmelweis）刚刚在维也纳一家综合医院的第一产房开始了新的工作。

这家医院有两个产科病房，森摩尔维斯很快发现，他的产科病房和另一个病房之间存在一个巨大的差异。

在他的产科病房里，平均每十个年轻母亲中就有一个死于产褥热。在某些月份，这一数字甚至上升到30%。在第二个病房，死亡率要低得多，平均为4%。

森摩尔维斯决定采取一种条理化的方法。他尝试了各种可行的方案，并对统计数据进行了追踪。

1847年，他首次进行了洗手实验。他怀疑那些在停尸房进行尸检，随后去他的产科病房帮忙的学生是“有毒微粒”的携带者（通过他们的手传播）。这些学生只在森摩尔维斯的产科病房工作，不会去另一个产科病房工作。

因此，森摩尔维斯命令全体人员在进入他的产科病房之前用氯溶液洗手。结果令人大为震惊。几星期内，死亡率戏剧性地从18%以上下降到2%以下。几个月后，死亡率更是降到了令人难以置信的0.2%。

尽管数据证明森摩尔维斯是正确的，而且他尝试用各种方法来广泛传播这一知识，但洗手只被少数医生采用。更令人惊讶的是，听到医生和护士对于医院感染负有责任的这个结论，他的许多同事一笑置之。

15年后，法国化学家和生物学家路易斯·巴斯德（Louis Pasteur）发现，许多疾病是由肉眼看不到的微生物引起的。渐渐地，医生们承认在接触病人前后洗手是个好主意，并拟订了规范。

170多年后的今天，每位医生和护士都知道必须如何洗手及何时洗手。这是常识。但关键问题是，荷兰一家普通医院的工作人员是否能够遵守医疗行业制定的手部卫生规范呢？

我敢肯定你能猜到这个问题的答案：不能！

2012年，博士生维姬·伊拉斯姆斯（Vicki Erasmus）（巧合地隶属于同名大学——鹿特丹伊拉斯姆斯大学）发表了一项关于24家荷兰医院手部卫生的研究。结果很明显。平均而言，在所有案例中，仅有20%的案例遵守了洗手规范。

好吧，我可以听到你在想：这只是一项研究。但是另一位博士生，拉德堡德大学的安妮塔·胡伊丝（Anita Huis），在2013年发表了一项关于同一主题的研究。她调研了荷兰三家医院的67间病房，得出了同样的数据：在只有20%的案例中，工作人员坚持遵守规范。这意味着在80%的情况下，他们没有这样做！

这个结果令人触目惊心。仅在荷兰，每年就有约10万名病人在医院受到感染。而在相当多的案例中，手部卫生标准低下是罪魁祸首。那么，这些感染带来的后果是什么？高昂的费用，大量的痛苦，以及每年预计有上千起不必要的死亡事件。这比荷兰每年死于交通事故的人数还要多！

仅在荷兰，每年就有约 10 万名病人在医院受到感染。

最令人震惊的事实之一是，尽管医生、护士和卫生部门的其他专家都意识到了这一点，也以此为耻，但并没有任何改善的迹象。（如果你认为这只是荷兰的问题，那恐怕结果会让你失望。这是一个全球性问题。）现在我们来回顾一下。如果你在医院或其他护理机构工作，你可以（当然你也有意愿）避免感染和杜绝不必要的痛苦。做到这一点的方法之一，是坚持执行与洗手有关的规定。

即便如此，也没有奏效。为什么呢？因为现实中存在各种障碍，阻止你尝试改变。我将在第3章介绍这些障碍——其中许多障碍通常是你无法掌控的。

知而不行，是改变的一大困难，它影响着人们生活领域的方方面面。你想减肥，但你无法抵制晚上打开一袋薯片的诱惑。你想听听孩子们渴望给你讲的故事，但当你下班回家后，你做的第一件事就是查看手机上的新信息。改变并不是轻而易举的。想想看：你试图实施的大多数改变实际上要比在医院里洗手要复杂得多，而且还没那么重要！

所以，我问自己：如果真的精确地去测量的话，平均而言，我们在变革方面的成功率能有多高？比20%高还是低？

行为是薄弱环节

无论你关注的是个人生活中相当简单的意图，还是组织中的宏大计划，每个人都清楚，改变行为是困难的。行为改变是头号瓶颈，是变革中的薄弱环节。

变革专家约翰·科特（John Kotter）就组织中的变革写道："核心议题从来都不是战略、结构、文化或系统。问题的核心总是围绕着改变人们的行为。"

是的，也许一个组织内的主要目标是改变文化。但它总是从行为的改变开始的。一般来说，首先是管理层的改变，然后是员工的改变。至少是这个思路。但这总是没有效果。

你不觉得奇怪吗？因为人们是有能力改变的，而且很多变化都是自然而然地发生的。

如果直接环境发生了变化，人们通常会自动调整自己的思维和行为。例如，如果你像我一样曾从一个小村庄搬到一个大都市，你就会在说话方式、骑车方式和习惯方面做出各种调整，如要不要走在街上时和你遇到的每个人打招呼。你不需要去思考怎么改变，它们几乎在你没有意识到的情况下就发生了。

而当你刚开始与你的伴侣生活在一起时，或者当你结婚时，或者当你有了孩子时，这些变化甚至更加巨大。由于所处的物理和社会环境的变化，你会发展出多种新的行为模式。我明白，有时这个过程很艰难，但最终每个人都会适应新的情况。

相比之下，在环境保持不变的情况下去改变你的行为，则完全是另一回事了。行为学研究学者观察到，在这种情况下，人们一次只能实现一个有意义的行为变化。而且这往往需要几个月到一年的时间。

举个简单的例子。当一个管理者想学习更好地倾听他的员工时（表现出兴趣，基于对方所说的话进行总结，理解对方的意思），往往需要经过几个月的时间，员工才会注意到他的行为变化，而且这还是在管理者一开始有成功地改变自己的行为的前提下。

这方面的一个很好的例子是杨卡·斯托克（Janka Stoker）的研究。她研究了两个荷兰组织（邮政银行和霍戈文公司）的领导力变化，随后凭此研究获得了博士学位。

这些组织的管理者认为，他们正在以一种越来越创新的、教练式的方式与他们的员工互动。他们认为自己向员工提出了更多的问题，表达了真正的关注，给了他们许多发挥主动性的空间。但研究表明，实际上，员工根本没有留意到任何变化。管理者们脑海中显然认为自己投入了变革精力，却无法充分地将其转化为能给员工留下印象的行为。

有经验的变革管理者承认，推行公司架构或名称的大型变革，往往比改变人们的日常行为要容易（邮政银行现更名为ING银行；霍戈文公司先被康力斯集团接管，然后被塔塔钢铁接管）。

被人们称为“行为”的这个东西是什么

如果行为是大多数变革过程中的薄弱环节，那么更多地了解行为背后的原理就很有意义。当谈到行为和行为改变时，你会在本书中发现很多知识和专业内容。为了让你进入状态，这里有一些简介。

首先，最重要的是：什么是行为？最常见的定义是：一个人与环境有关的所有行动和反应。这也可以包括“不可见”的行为，如思考和感受。不过我将重点关注可感知的、可观察的行为。因为只有这类行为才是人们在社会、工作和生活中想要实现具体改变所需要的行为。这也正是本书所要讲的内容。

行为是指你可以展现和模仿的一切东西。

也可以简单地说，在本书中，行为被认为是你可以展现和模仿的一切东西。这种经验法则很有用，因为人们经常把一些东西视作行为，但其实他们是在谈论行为的结果或意愿。看一下下面这个列表，在你看来，哪些是行为，哪些不是？

（1）每天吃两次药。

（2）为自己感到高兴。

（3）打算去健身房。

（4）用提问的方式开启每次交流。

你应该答对了……第一项和第四项是行为。第二项是行为的结果，或者说是你追求的目标。而第三项则是做某事的意愿。

那么被人们称为“习惯”的东西又是什么

行为多种多样。有的行为你只做一次。例如，与你一生的挚爱结婚。有的行为你会定期做，但不是经常性的，如打理你的行政事务。还有的行为是你经常表现出来的，几乎不需要深思熟虑。这就是人们所说的习惯性行为。

习惯性行为在许多变革过程中起着至关重要的作用。大多数人都知道，如果只做出一次不同的行为，通常不足以实现永久性的改变。要想真正改变，必须以创造能够持之以恒的新行为为目标。而这正是新习惯发挥作用的关键。

什么是习惯？习惯是一个行动或一系列行动，你在特定的情形下不假思索地重复这些行动，几乎不费吹灰之力。在重复和奖励机制的作用下，你的大脑中会生成一条固定的偏好通路。

举一个简单的习惯的例子。在你所处的文化中，如果有人将手朝你的方向移动，你就会握住它，上下摇晃几下，随后放手。你甚至还能从中获得愉快的体验！行为学家说：伸出的手对人们来说是一个“触发器”或“前因”，能自动引发一连串简短的动作，也就是握手。对方在握手过程中给予的配合，以及随之而来的良好感觉，构成了“后果”“强化剂”，或者用浅显易懂的话来说，就是奖励。

下面是另一个例子。想象一下，你现在的工作真的太忙了。这让你抓狂，你决定辞掉工作去寻找完全不同的东西。辞掉工作通常不是困难的环节。如果你尽力而为，你大概也能找到一份新工作。但要确保你不会陷入同样的困境——在新工作中承担过多的责任，这就完全是另一个层面的事情了。

你需要学习拒绝对分配给你的每个任务都说“好”，也就是改变你以前的习惯性行为。你需要学习设定明确的优先次序，学习如何区分什么是重要的，什么是紧急的，以及更经常地对同事说“不”。换句话说，你需要学习一套新的习惯，来帮助你在一个总有做不完的事的环境中保持心理健康。（当然也包括像你一样的人！）

因此，如果你对自己坦诚一些，你可以轻松略过寻找新工作这一步，在你当前的工作中，直接开始培养新的习惯！

对快乐的偏爱

习惯——不论好的还是坏的，往往都是你在不经意间习得的。习惯的形成是因为特定的行为在某种情况下“奏效”。你到了办公室，打开你的电脑（就像你的许多同事一样），打开收件箱，开始回复邮件。而在这期间，你一直有一种很忙的感觉。通过打开邮件，你的好奇心得到了满足，这让你感觉很好。输入回复并单击“发送”，让你感觉自己已经取得了一些成就。是的！这是另一种良好的感觉。

有一个有趣的事实是：人们大脑中的奖励机制对于便捷、有收益、快乐和其他一些“成功体验”的反应特别强烈。事实上，神经学家认为，奖励机制甚至会被对成功的期望触发。唯一的问题是，这个机制对长期收益不感兴趣，一点也不。对奖励机制来说，唯一重要的是，当下的体验是愉悦的——此时，此地，对我来说。

如果一个行动产生了愉悦或成功的体验，人们就会更经常地去做——通常是无意识地。这反过来又能令这一行动做起来更顺手。

反之亦然。如果一个行动产生了不适或痛苦，人们未来就会避免它，它不会再成为人们不假思索就去做的事。

便捷，或者轻松，是行为改变的一个极其重要的因素。这也是我将贯穿本书讨论的一个话题。

接下来让我们继续阅读第3章，看看人们的行为是如何运作的，以及为什么改变行为如此困难。

总结

- 人们为什么想改变？通常是由于对当前状况的不满。
- 几乎所有你想实施的变革中的薄弱环节都是你自己的行为。
- 做出一次新行为通常是不够的，关键是要培养新的习惯。

思考题

你能说出一个你想培养的好习惯吗？

3 为什么改变行为如此困难

- 85项关于行为改变的研究告诉了我们什么？
- 人们为什么做自己正在做的这些行为？换言之，人类行为的三大“驱动力”是什么？
- 改变的最大阻碍。

虽然忠言可能有些逆耳，但可以说在当今西方社会，人们正在用自己的行为摧毁自己。不良习惯是造成癌症、心脏疾病、中风和糖尿病等健康问题的主要原因。这一点已经是全世界研究者公认的结论。

据估计，在社会上有多达40%的人因不负责任的行为而过早地死亡，这些行为包括吸烟、过量饮酒、缺乏足够的锻炼、过度饮食、不健康饮食，以及缺乏足够的放松。

因此，很自然地，在过去十年里，医疗保健行业针对行为改变进行了大量的研究。如果人们能对这个领域有更多的掌控和理解，那不是很好吗？

所有这些关于行为改变的研究在2008年获得了巨大的助力。那一年，英国健康心理学家查尔斯·亚伯拉罕（Charles Abraham）和苏珊·米奇（Susan Michie）介绍了他们的第一个“分类体系”（对一种事物的系统性分类概述），其中包括几十种行为改变技巧。

我必须承认，“分类体系”听上去似乎既烦琐又乏味，但请相信：这项成果的发布对学术界来说是一次令人欢欣鼓舞的庆典！有了这个系统概述作为基础，人们终于可以将行为领域的各种研究进行比较了。

这一点为什么如此重要呢？在过去，研究人员往往对自己实验中的行为改变技巧有各自具体的命名。但有了这个分类系统，人们现在可以说："嘿！德国做的这项研究使用的是第12号与第35号改变技巧的结合。在这项研究一年之后，加拿大做的研究用的也是同样的行为改变技巧。而在澳大利亚做的这项研究中，他们只用到了35号行为改变技巧。让我们来看看结果有什么不同吧……"

也就是说，人们现在终于可以把来自不同研究的知识结合起来了。这意味着人们可以看到更清晰的模式：什么对行为改变有效，什么无效。

托马斯·韦伯的发现

研究者托马斯·韦伯（Thomas Webb）和他的同事运用亚伯拉罕和米奇的"分类体系"，比较了85项通过互联网进行的线上行为干预研究，其中包括提供个人定制的运动建议的网站和提供如何开始运动的小建议的网站等。这

85项研究共涉及43 000名参与者。

研究人员发现了什么？

（1）最重要的结论：如果你做了“科普功课”，就会得到更好的结果。换言之，建立在科学理论基础上的行为改变干预措施普遍比仅基于感受、直觉或个人经验的改变干预措施更加有效。因此，在试图做出各种行为改变之前，人们必须了解更多行为科学方面的知识。好消息是，这正是我通过本书要做的事情。

（2）另一个重要的结论：使用多种技术对行为改变进行干预，比只使用一种或少量几种技术更有效。

如果你想看到人们的行为改变，可以改变他们周围环境中的一些东西，使他们更容易做出新的行为；也可以以身作则，为他们示范你希望他们养成的行为；还可以对理想的行为进行奖励。但是，如果你把这些技巧中的几种放在一起，就会取得更好的效果。简单来讲，规则是，技巧种类越多，效果越好。所以，不是“少就是多”，而是“多才是多”。

那么，为什么在公司和政府内部，有那么多的变革计划都失败了呢？一个关键原因是，人们没有坚守韦伯和他的同事在研究中发现的简单规则。

如果人们没有做足功课，使用的技术种类往往也不够丰富，就不足以使行为改变成为可能。

有时，人们看到一个问题，迅速想出一个方法，然后就开始着手工作，而没有仔细思考。对工作环境改变做出的干预措施通常是采取“告知加劝导”的方式：管理者告知员工必须做什么，而且是尽可能热情地告知。然而，结果往往是令人失望的。

那么，怎么办呢？是时候做一些功课了。在下一章，我将介绍“梯子”和一系列变革的诀窍。但首先让我们来看看，人们的行为是如何运作的。人们为什么做自己正在做的行为？

行为背后的原理

关于人们为什么要做他们正在做的事情，几乎每个人都有自己的一套理论。互联网的讨论就能很好地体现出这一点。你会看到各种关于应该如何打击犯罪的想法，各种关于戒烟需要做些什么的观点，或者是各种如何才能让你的国家的足球队表现更好的见解。

关于行为背后的原理，到目前为止最受欢迎的是“动机理论”（motivation）。这一理论可以总结为：人们做事情是因为他们“想做”。不管是吸烟还是戒烟，超速驾驶还是遵守规则，自己创业还是为别人打工，关于人们为什么要做自己正在做的事情，几乎每个人都有自己的一套理论。你这样做是因为你想这样做。然而，实话实说，动机固然很重要（也相当复杂），但还有更多因素决定了行为。如果你想做出某些改变，就需要了解这些因素。

人类行为的三个“驱动力”

行为科学家认为，行为有三个重要的驱动因素。

（1）能力。

（2）动机。

（3）环境。

用简单的话来说就是：

（1）你必须有能力做出某个特定的行为。

（2）你必须想做这件事。

（3）你的环境必须提供机会让你来做出这个行为。

另一个重要的因素是，如果你想做出某些改变，不能只关注上述三个因素中的一个，而必须考虑全局。

之后我还会再来讨论这个问题。下面先来看看每个驱动因素的更多相关信息。

能力

人们需要具备身体能力和心理能力，才能够做出某些行为。

例如，要想成为一名优秀的篮球运动员，那么你的个子需要很高，而且经常训练会很有帮助；为了解决物理问题，拥有高智商并学会公式是很有用的。

动机

如果要做出某个特定的行为，那么做出的动机，即做这件事的内在动力，必须大于不做出的动机。举一个简单的例子。现在是晚上，你希望喝杯咖啡，但你也想去睡觉。

于是你想：也许喝一杯绿茶是明智之举，因为咖啡中的咖啡因会让你睡不着。于是你就选择了喝茶。

我特意使用了如“希望”“想”“选择”等词语，因为人们一般都是用这些词来表达动机的。

动机可能有几种不同情况。①受控动机（controlled motivation），包括你的深信不疑、制订计划，以及有意识地权衡各种选择。②自动动机（automatic motivation），也就是指行为是由欲望、需求和反复出现的思维模式驱动的，而且往往是无意识地驱动。

环境

物理环境和社会环境会激发或限制人们表现出某个特定行为的可能性。

例如，在一个封闭的办公室或工作区，你往往可以完成更多的工作。但如果你的同事进进出出，你就无法完成工作。

能力、动机和环境之间的关系

这三个驱动因素不仅影响人们的行为，还会相互影响。而人们的行为又反过来影响这些驱动因素。你在实践中也会发现这一点。

能力直接影响人们的行为，也影响人们的动机。举一个简单的例子。如果你知道自己不擅长跑步，就会影响你参加跑步比赛的动机。但行为也会影响你的能力：更经常地跑步，你会变得更擅长跑步。

动机影响人们的行为，但人们的行为也会影响动机。如果你尝试做某件事并获得成功，这种成功的经验会增加你做这种行为的动机。

例如，你经常跑步，发现自己身体越来越好，跑得越来越快，你也许就会想参加跑步比赛。

环境会影响动机。如果天气不错，你看到人们在户外跑步，你可能也会想多出去跑步。环境对行为也有直接影响。有时间，有合适的运动服和运动鞋，你就更容易时不时地去跑跑步。人们的行为反过来也会改变环境：如果你出去跑步，就能带动其他人去跑步。

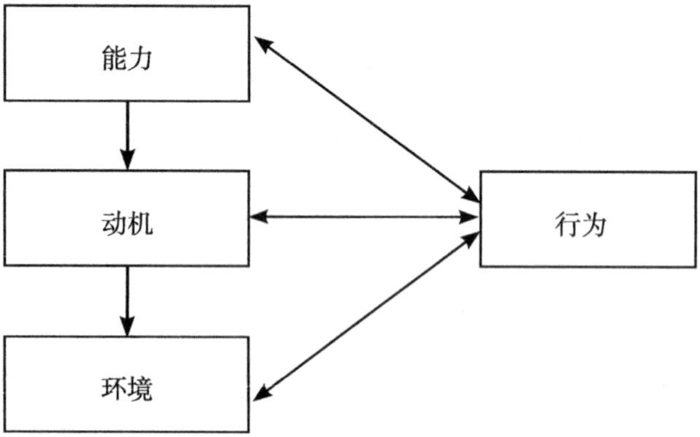

行为的三种驱动力：能力、动机和环境

瓶颈在哪里

如果你想了解或改变一个人或一个团体的行为，重要的是不能只看能力、动机或环境中的一个方面。你必须关注所有这三个方面。

然后，你要去寻找瓶颈：是什么阻碍了人们进步？是他们的能力、动机，还是环境？

举个例子，在一家疗养院，工作人员想给住院病人更多的个人关注，但他们所承受的时间压力使这个愿望无法实现。作为他们的管理者，你可以尝试激励护理人员的动机，但这只会滋生挫败感。你没法忽视环境，必须对时间压力这个环境因素做出某些改变，要不就得接受你想要的改变无法实现的事实。

寻找瓶颈：是什么阻碍了人们的发展

现在，既然我们已经在聊疗养院的事情了，那么就再一次回到洗手这个话题上来吧。能力、动机和环境在这里可能带来什么样的影响？

能力和动机在这个案例中不是瓶颈。问题不在于医生和护士不知道何时及如何洗手，也不在于他们不愿意洗手。

研究表明，手部卫生的瓶颈主要是环境问题：在这种工作环境中，各种任务都在吸引着人们的注意力，所以大家会经常忘记洗手，有时还故意不洗手，因为他们认为洗手是一种障碍，妨碍了他们做更重要的工作。

研究还表明，如果只有少数人坚持规则（社会环境因素），那么理想行为出现的频率会自行下降得更多。

改变的三大障碍

好的，那么，接下来该怎么办？你已经知道，改变与新行为的形成有很大关系，特别是学习新行为并形成习惯。然而，你也知道，这并不容易。阻碍你的障碍是什么？为什么改变这么难？

在这一部分，我将具体说明阻碍人们改变行为的三个最大障碍。

障碍1：自动行为经常赢得上风

行为改变的第一个主要障碍是人们的大脑偏爱已经形成的习惯，以及已经在运作的自动行为。

我在上文中已经谈到，能力在行为形成中起到很大的作用。第一个障碍便与这个因素密切相关。有时，为了实现改变，你需要培养一种新的技能，这有时会很快发生，有时则非常缓慢。

假设你遇到一个新的问题，如果有人向你解释如何解决这个问题，那么新技能的养成可以很快完成。例如，你在手机上安装了一个新的应用程序，通过观看介绍短片，你很快就学会了如何使用它，这个过程就很简单。

然而多年来，你养成了一整套习惯性的行为来处理自己遇到的所有日常状况，想用新的习惯来取代现有的习惯，就会难上加难。

试想一下，你是一位团队领导者，长期以来你都以同一种方式管理团队：由你给出明确的指示，如果没有人出错，就没有人提任何意见。多年来，你的团队对你没有什么不满，但他们也没有真心实意地满意过。因此，你最终决定，你更愿意成为一位鼓舞人心的领导者，而不是一个独裁者。这种改变就不是那么简单的了。你将需要用新的、更好的行为来取代你的习惯性行为——每天不经深思地执行任务。例如，你必须学会向你的团队成员提出更多开放式问题。

在这种情况下，人们的大脑会以两种相互冲突的过程做出反应。一边，人们做出有意识的计划；但另一边，人们的大脑特别关注重复那些“已经奏效”且不需要花费太多精力的行为。

心理学家认为，这时人们的大脑正在追求“认知上的舒适”，它专注于花最少的精力实现想实现的东西。

通过奖励新行为并经常重复，你可以形成新的习惯。但研究表明，即使是培养非常简单的、由你自己选择的、旨在取代现有模式的新习惯，如在午餐时吃一些水果或在早餐前做一些体育锻炼，平均也要花费两个多月的时间。更复杂的行为改变则需要更长时间。

大脑特别关注重复那些“已经奏效”且不需要花费太多精力的行为。

用新的行为模式取代旧的行为模式（也就是人们经常说的“忘却”旧的行为，学习新的行为）当然是可能的。但人们低估了它的难度和所需的时间，因为人们的大脑更喜欢那些已经在运作的习惯。而这是发展新能力的一个障碍。

障碍2：人们不喜欢损失

改变的第二个关键障碍是人们有逃避痛苦、不适和损失的强烈倾向。

在本章前面的部分，我谈到了动机对人们行为的影响，而这一障碍就与动机密切相关。

人们的大脑对不适感、痛苦和损失的反应比对舒适、快乐和收益的反应要强烈得多。人们能更快地认识到痛苦的事件，并会在更长的时间里记住它们。

一个有趣的事实是：行为经济学家已经证明，失去一笔钱给人们带来的影响，是得到等额的钱的2~2.5倍。而且这里谈到的只是钱，还没有谈到个人钱或社会资产（如地位和友谊）。当人们损失个人钱和社会资产时，对收益和损失的体验甚至还会有更大的差异。

行为学研究者说，人们并不介意改变本身，但如果改变会导致损失，他们就会讨厌改变。

一些心理学家认为，避免损失是大脑的首要任务。特别是，在当下、此时此地为自己避免损失，是大脑最重要的任务。人们的大脑总是自动地、更多地关注“我，这里，现在”，而不是“别人，那里，以后”，因为这是维系生存的关键。

著名心理学家罗伊·鲍迈斯特（Roy Baumeister）曾说：“坏事比好事更强大……生存需要人们立即关注可能的坏结果，但对于好事情就不需要如此紧迫了……在我看来，这种差异可能是最基础且影响最深远的心理学原则之一。”

避免损失是人们大脑的首要任务。

简而言之，动机是人们为实现一个目标或做出某个特定行为而体验到的内在驱动力。在许多情况下，人们对免于痛苦和损失的痴迷限制了人们学习的动机、去实验的想法，以及其他许多形式的改变。例如，人们在管理会议上经常听到这样的话：“出错是可以的。”但在人们的大脑深处，有一个原始的、恐惧的声音在警告：“出错就是不对的。千万别出错！”

障碍3：人们与环境的关系

在本章的前面，我谈到了环境给行为带来的巨大影响。改变的第三个关键障碍就与环境密切相关。如果人们所处的物理和社会环境不改变，那人们也不会改变。

在一整天中的每时每刻，人们都会自动地（而且往往是无意识地）对自己在周边环境中观察到的各种物理和社会刺激做出反应。

举几个例子。聊天时，如果周围的人友好地对你点头表示认可，你就会继续发言更长时间；吃饭时，如果分给你的饭菜分量更多或盘子更大，你就会吃得更多。

像我刚才说的，这些情况通常是无意识地发生的。但即使你有意识地想要些什么，也往往是由你所处的情况导致的。只有当你的汽车油箱几乎空掉的时候，你才会想到要去找一个加油站。事实上，当油表开始闪红灯时，你很难不想加油。

人们会自动适应环境，而且往往是无意识地适应。例如，任何曾从某个办公区搬到另一个办公区的人几乎都不会意识到自己形成了多少新的习惯。

这样一来，如果说改变行为最可靠的方法之一就是改变环境，就没什么可惊讶的了。

但改变环境往往会带来各种反对意见。举个例子。如果你想改变办公室的布局以鼓励健康的生活方式，如引入站立式办公桌，那么首先你将不得不与同事进行一番探讨。

行为经济学家、诺贝尔奖得主理查德·塞勒（Richard Thaler）认为，人们需要接受这样一个事实：要实现自身行为的改变，几乎总是要改变所处环境中的一些东西。“这是生活的基本道理之一。行为在很大程度上是由环境决定的。”

生活的基本道理之一：行为在很大程度上是由环境决定的。

其中的诀窍就是，设计好你的工作和生活环境，使你尽可能容易地在这种环境中做出你想要的行为。

改变到底有没有可能

只是列出改变道路上的所有阻碍，就足以让你感到沮丧了。你可能有各种美妙的计划，但非常简短地总结一下，你实际上是完全自动化的损失规避者，还特别会受到环境的驱动。所以你很可能会想：干脆别思考和探讨行为改变的问题了，因为根本就没有用啊。

但你也可以采取稍微乐观一点的态度：对什么是可能的、什么是不可能的建立一种现实的看法，这很可能就是成功改变的起点。

前面提到的行为经济学家塞勒认为，如果你想对自己的行为有更多的掌控，就要从承认自己的局限开始。他说："让我们现实一点，我们并不完美，我们并不理性，我们的意志力很薄弱。我们经常需要帮助，才能做正确的事情。"

这就是下一章会讲的内容，在下一章中，我将介绍"梯子"模型。

总结

- 科学研究会有帮助：事实证明，了解更多关于改变的知识，会带来更多的成功。
- 人们的行为是由三个因素驱动的：能力、动机和环境。
- 改变的三个障碍：人们的自动化机制，人们有逃避痛苦的倾向，人们所处的物理和社会环境。

思考题

你最近注意到哪些有趣的行为？例如，在工作中，在新闻里，或者在你自己身上……你认为能力、动机和环境在其中起了怎样的作用？

4

“梯子”：变革的三级台阶

- 变革是复杂的，所以方法要尽可能简单。
- “梯子”的三级台阶：目标、行为、支持。
- “梯子”的原理是什么？“向下”计划，“向上”尝试。

约翰·科特是哈佛商学院的教授，而且是世界上著名的变革管理专家之一。几年前，为了给我的一次研讨会做准备，我曾与他交流。那是我们的第三次见面，我有点紧张，因为科特是那种容易发脾气的人。有时你可能还没意识到，就惹恼了他。

尽管如此，我们还是进行了一次愉快的谈话。我们发现，我们对同一件事感到恼怒：很多顾问在组织变革中使用过于复杂的模型。

科特抓狂了："这是疯了吗？19个步骤，还有各种子步骤和注意点。搞得太复杂了，以至于你必须请咨询顾问本人来帮助你理解这一切。这很可能就是故意设置的。如果有人把这种东西放在PPT中，通常只是为了证明他们比其他人更聪明，是房间里最聪明的人。"

科特的经验是，每个变革过程都是困难的，而且作用各不相同。这正是为什么试图开发一个囊括所有这些复杂性的模型或理论，是毫无意义的。"如果是处理像变革这样复杂多样的东西，一套简单的规则和原理会更有用。保持原则简单，并用你的常识不断地将这些简单的原则应用到你遇到的情况中。"

有时，一个比你拥有更多知识和经验的人，会大声地说出那些你内心已经明白了许久的事情。这会给人一种无与伦比的美妙感觉。谢谢你，科特先生。

一种简单但精练的模型

"梯子"就是我尝试设计的一个简单的变革模型，一套简单的相互结合的原则与常识，可以让你用于应付各种情况。

"梯子"主要是一个工具，帮助你通过三个步骤制订一个清晰、易懂的变革计划。

在这方面存在很大的需求。在许多组织中，变革计划或发展计划太累赘、太模糊、太复杂。而很多想在个人生活中做出一些改变的人，则根本没有计划，最多只有一个模糊的意愿。

我同样会以行为科学的方法为基础，采用"梯子"，以一种合乎逻辑且实用的方式来构建变革的知识体系。

这个模型为人们以合理的顺序自然地制订计划提供了关键的见解和诀窍：首先设定一个目标，然后弄清楚如何实现它。

“梯子”有三级台阶（“台阶”在英文中的正式名称是rung，意为“梯子”的横档或梯级，但几乎没有人用这个词），代表了每次变革中的三个步骤。

（1）定义你的目标。

（2）描述你想要的行为。

（3）安排你需要的支持。

这三者之间的联系是相当明显的。如果你想实现一个新的目标，或者获取新的结果，那么你就必须改变行为。如果你想改变行为，这种改变并不会自动发生，你还必须安排一些支持机制。

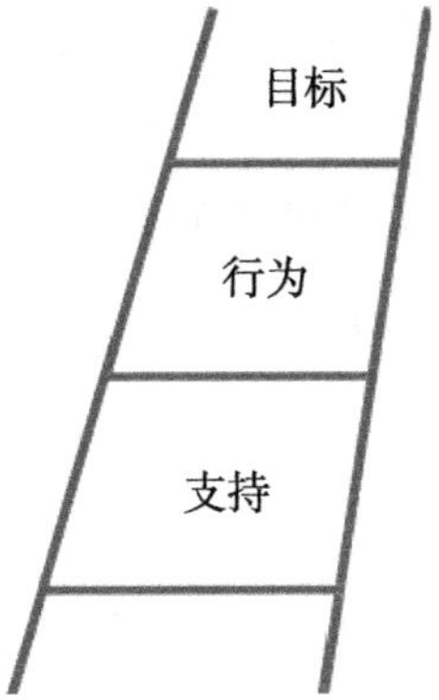

“梯子”：一个帮助你制订变革计划的工具，分为三级台阶

三级台阶

首先，我将详细解释这三级台阶，然后在接下来的三章中，与大家分享我最喜欢的、来自行为科学研究的小窍门。

最上面一级台阶：目标

“梯子”的最上面一级台阶是“目标”。每个改变都有一个最终的目标：全新的情况或你所追求的结果。

目标使所有改变的努力最终变得值得。事实上，几乎每次改变都始于实现某个特定目标的愿望，也就是梦想着有一些不同的东西，新的东西，更好的东西。

- 在公司，这意味着更多的创新，更好的领导力，更多的利润，对社会更大的贡献。
- 对于个人情况，你可以想到的有：感觉自己更健康，有更好的关系，有更少的财务烦恼，学习一种新的语言。
- 放眼整个社会，这可能是：交通更安全，二氧化碳排放更少，可负担的医疗保健费，更好的教育。

大多数开始某种改变过程的人都清楚自己想要达成的结果。也许最终目标可以用更加精准的措辞来描述，但要获得某种期待成果的图景总会呈现在眼前。

多少个改变目标？一次一个

在公司，在你的日常工作中，每次尝试实现一个以上的目标是可以的。只要这些目标可以通过日常行为来实现。因此，你尽可以继续为你的成功制定工作目标和健康目标，以及你想在业余时间学习的课程目标，只要你能通过那些你正在采取的行为来实现这些目标。没问题。

但是……如果你想做出改变，如果你想做的事情需要采取新的行为，那么就请一次只坚持一个目标。这就已经很困难了。

如果你确实有多个目标要实现，那么一定要确定目标的优先次序。

在大多数情况下，你最终会发现，你的时间只够关注第一优先目标。

中间级台阶：行为

"梯子"的中间一级台阶，即中心步骤，是"行为"。为了获得新的、不同的且更好的结果，你往往需要新的、不同的且更好的行为。

有时这是一个人的行为。有时是几个人的行为。有时这种变化是一次性的行动。但大多数情况下，改变需要永久性的新行为，需要新的习惯来达成新的、持久的结果。

设想一下，即使一项变革最初是从几个大动作开始的，如创办自己的公司，如果你想成为并一直成为一个成功的企业家，你仍然要努力培养新的习惯。

学会改变自己的习惯至关重要，但这往往也是变革过程中最薄弱的一环。

过于模糊、过于“自由自在”的目标

很多人在开始改变时，对达到目标所需的行为并没有一个清晰的想法，而且对行为意愿的表述往往过于模糊，过于“自由自在”。这里有几个常见的、模糊的行为意愿的例子。

- 我希望在工作中更多地关注人的一面。
- 我想减少自己花在智能手机上的时间。
- 我要少吃，多锻炼。

用清晰的语言来表述行为计划并不容易，也不总能为社会所接受。人们往往会觉得，制定和接受不附带任何义务的建议，比制定和接受定义明确的指示更容易。一般来讲，如果你的想法含糊不清，人们就会感到满意。

很多人对行为意愿的表述往往过于模糊，过于“自由自在”。

通常，如在公司，让人们形成自己的行为意愿是很有用的。这一般会调动他们思考这个意图时的积极性。

但是，以我的经验来看，很多人不喜欢我一直问一些追询似的问题，如：“但是，你打算怎么做来实现这个目标呢？”我会一直问到他们最终将自己的行为意愿尽可能地具体化为止。

当你想改变时，总会有某个时刻，你必须具体地表达：谁要做什么来实现改变？频率是什么？多长时间？在哪里？什么时候？和谁一起？

为了使一项变革成功，对执行这项变革的人来说，想要的行为必须绝对明确，这是至关重要的。

我自己凭经验得到的法则既简单又严格：你必须能够做出并模仿出那个想要的行为。

关键行为

我想再次重申：改变行为是困难的，而且人们通常每次只能在一个行为改变上取得成功——最多就是这样。

因此，要选择能够给预期目标带来尽可能多的影响的行为，而且这一行为应该（如果可能的话）没有负面的作用，只有正面的影响。我把这类行为称为关键行为。

举例说明。作为一个管理者，你想充分利用所有员工的创造力。为了实现这一目标，你选择的关键行为可能是：在会议上一对一讨论时多向员工提出开放性问题，展示你的好奇心。除了激发更多的创造力，这个行为也会带来更好的同事关系，同事们甚至可能开始模仿这种行为。

行为科学家提出，“一次只做一个行为改变”的规则有时也会有例外。某些情况下，你所确定的关键行为需要一个新的支持性行为。

想象一下，从现在开始，作为管理者的你决定定期与所有员工进行一对一谈话，那么你就得把日历上的其他任务授权给其他人。这听起来很符合逻辑，不是吗？

最下面一级台阶：支持

“梯子”的最下面一级台阶被称为“支持”。这包括你能够实施的，用来支持新的、想要的行为的所有技术。没有支持，行为改变注定会失败。

任何拥有些许生活经验的人都知道，吸引人的目标和良好的意愿往往只会对人们的行为产生短暂且微弱的影响。

正因如此，当涉及你认为真正重要的改变时，你必须更进一步，而且需要鼓励行为真正地发生。你需要支持——各种措施、技巧、刺激、干预，来帮助你切实地做出想要的行为。

支持技巧有各种不同的形式。以下是几个例子（后面还会有更多）。

- 在办公室的墙上挂一块大白板，展示你为实现目标已经采取的步骤，每天更新。

- 参加一个育儿课程，可以让你练习怎样更好地与孩子对话。
- 处理养育孩子过程中的困难情况。
- 设置交通标牌，让道路变窄，以及增设减速带，这些都有助于你在开车经过住宅区时放慢速度——而且你不必思考太多。

在“梯子”的三级台阶中，“支持”这一级是人们在实践中最不重视的一级。当涉及改变时，支持往往是最薄弱的环节，在个人生活中更是如此。

支持往往是最薄弱的环节。

其实这也合乎逻辑。因为如果没有明确地制定目标，而只是模糊地描述想要的行为，那么就不可能安排有针对性的支持。

除此之外，人们往往不知道可以使用哪些技术来支持所期望的新行为。

事实上，许多专业的有影响力的人，如管理者和行政人员，往往只会慷慨陈词一番，说一说什么是必须发生的，除此之外没有任何其他手段。而且，他们用的是他们可以想象得到的最模糊的语言。几乎每星期，我都会听到管理者说这样的话：“让我们在接下来的几个月里加倍努力，把我们的客户放在第一位。”

有时他们还会在这句话后面加上一些善意的鼓励。例如：“同事之间要真正地互相帮助，以实现这个目标。”

也就这样了。

一个目标，一种行为，三种支持技巧

我在第3章讲到的研究已经证实了这一点，但我个人在各类公司的实地试验中亲身体会到：只使用一种支持技术是不够的。

我会用的一个简单的经验法则是：一，一，三。如果你想做出某个改变，那就设定一个目标，选择一种行为，并使用至少三种不同的支持技巧。

在本书的附录中，你会发现一整套支持技巧。

一些“隐藏”的好处

“梯子”是一种简单的模型。它如此简单，就连孩子都能理解和记住。而这正是我的用意。因为无法理解和记住的模型，是没有人会用的。

在实践中，我还发现使用“梯子”有一些“隐藏”的好处：“梯子”简单的结构会帮助你理解如何一步步实现改变。我再说一遍：首先明确你最终想达成的目标，然后描述实现这个目标需要的行为，最后明确你做出这种行为需要的支持。如果这三个要素在逻辑上不吻合，你通常马上能注意到。

这个模型还可以帮助你在开始着手改变之前，清晰且具体地组织好所有三个步骤。这绝对不是一种浪费，尤其是当你要和其他人一起改变时。

除此之外，“梯子”模型还能帮助你通过“向下规划”和“向上尝试”来仔细地、一步一步地思考变革。

这又是什么意思？好的，首先你会从上到下制订你的计划：明确目标，将其转化为具体的行为，并安排你需要的支持。

然后，你要从下到上尝试一下，看看它是否奏效：先安排你的支持，开始做出新的行为，并确认一下这是否会使你更接近目标。

最后一部分一定是一个学习的过程。当你这么做的时候，你要检查想要的行为是否真的正在发生，目标是否已在眼前。如果不是，也许你还得调整你的支持方法，或者考虑是否需要选择一个稍微不同的行为。

还有另一个隐藏的好处。在本书中，我写的主要是变革。但如果你有管理的任务——不管是在公司、志愿者组织、学校，还是在家庭中，你经常会体验到我描述的三级台阶和相关洞察。

事实上，领导力就是各种各样的步骤，这也是本书的核心内容：设定一个新的目标，明确期望的行为（最好和你的同事一起），并安排和提供支持，以便真正地启动变革。因此，你也可以将本书所学运用于领导力发展。

此外，本书还适用于自我管理或个人领导力提升。为自己设定一个目标，确定需要做什么来实现目标，并采取必要的措施来帮助你达成目标。

马上就来……诀窍

在接下来的三章中，我将分别为“梯子”中的每级台阶提供三个诀窍。我选择这些诀窍是基于我对行为科学文献的研究、我自己的研究及我与各种组织的管理者和专业人士工作的实际经验。

领导力也离不开目标、行为和支持。

一路走来，我学到的一个教训是，与变革有关的诀窍必须非常简单。诀窍如果很难记住，并很难付诸实践，就会被淹没在日常的混乱中。

除了每级台阶的三个诀窍（可以说是我的最爱），你还会在本书最后的附录中找到关于行为改变的附加诀窍清单。所有这些都基于科学研究，而且都是在实践中适用的。此外，我还按照"梯子"的原则来排列这个清单的顺序：先目标，再行为，后支持。

✓总结

- 改变需要有明确的目标、切实的行为和有效的支持技巧。
- 向下计划：先目标，再行为，后支持。向上尝试：先支持，再行为，后目标。
- 选择一个目标、一种行为和至少三种支持技巧。

思考题

在你制订的计划中，你是否看到了“梯子”的三级台阶——目标、行为、支持？你如何将这三级台阶应用到你目前正在考虑的改变上？

5

最重要的一步：设定一个目标

- 大富翁、拼字游戏和30秒游戏的力量。
- 人到底为什么需要目标?
- 制定有效目标的三个诀窍。

在我家，我们喜欢玩游戏，大富翁、拼字游戏、30秒游戏，什么游戏都玩。玩游戏时，我们会为了赢而玩。我们会非常吵闹，还一直斗嘴。在玩游戏的几小时里，我们家简直是一个战场。

但是，一旦游戏结束，我们就把所有东西收回柜子里，然后“休战”。没有人因为游戏期间可能会发生的任何事情而指责任何人（好吧，几乎没有），然后我们就去做其他事情了。

我为什么要告诉你这些？因为这教给我，目标具有一些神奇的力量。

在玩游戏的过程中，你会专注于某人在某个时候通过一些规则而订立的目标，如“确保你占有最多的街道和酒店”“通过拼写更长的单词来获得更多的分数”。在整个游戏中，你所有的精力和创造力都集中在这些目标上。

可以说，目标像磁石一般吸引着动机。目标为人们指明方向，触发行动，帮助人们看到自己是否取得任何进展。这些都是让人们极其严肃地对待目标的理由，而且不只是在玩游戏的过程中。

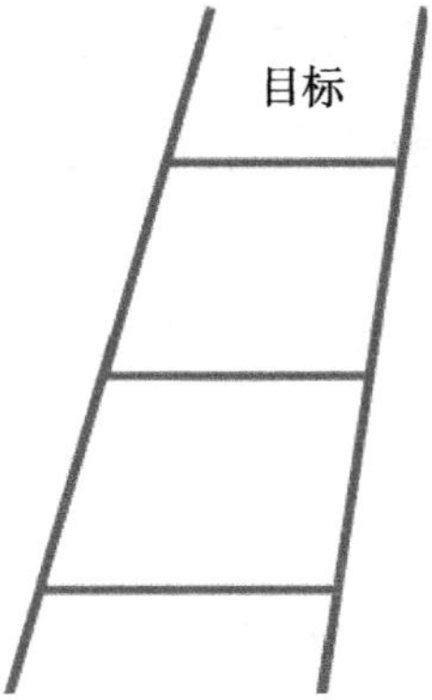

“梯子”：最上面一级——目标

目标为什么如此重要

没有梦想和目标，人们就无法生活下去。人们需要一个让自己早上起床的理由。

管理学研究者深知，目标对动机有至关重要的影响。根据目标研究的创始人之一埃德温·洛克（Edwin Locke）的说法，目标有以下几个积极的作用。

- 目标为人们指明方向。目标将人们的注意力和努力有针对性地集中在以目标为导向的任务上。

- 目标为人们注入能量。与过于容易达到的目标相比，远大的目标能够让人们投入更多的努力。

- 目标锻炼人们的毅力。如果人们有一个明确、远大且现实的目标，就可以在目标任务上坚持更久。

- 目标激发人们的创造力。如果人们面前有一个目标，就会去寻找实现它的方法。

此外，组织心理学家弗雷德·卢桑斯（Fred Luthans）曾证实，在明确的目标下工作，可以让人们拥有更多希望、自信、韧性和乐观。而这反过来又可以让组织有更好的表现，降低缺勤率，减少怀疑和冷嘲热讽的态度。

当你想做出一些改变时，目标尤其重要。当你彷徨时，目标将为你指路。

无论你是改变自己，还是和一群人一起做出改变，在这一过程中你都会遇到各种情绪、意见和想法。通过设定一个明确的目标，你将能够更好地评估哪些情绪、意见和想法是有实质意义的。

目标与人们行为的驱动力

让我们来复习一下，在第3章，我曾写到能力、动机和环境是行为的三个驱动力。

确定改变的目标对这三个驱动力因素有很大的影响。目标会刺激动机。目标能够确保人们充满热情地承担某些任务，而不会分神于不相关的任务。此外，如果你认为有些目标所要求的能力你不具备，或者在你的环境中不现实，这类目标就会打击你的积极性（动机）。

我经常听到经理们宣告一些远大理想，而这些远大理想立刻让员工们感到：我们永远没办法做到。或者：这在我们公司是不可能的。

这只会损害整个改变过程。作为一名领导者，你应该首先找出你的员工已经拥有的能力和环境能够切实提供的可能性。此外，在描绘你的雄心壮志的同时，你可以阐明将如何同步培养员工的相关能力，以及你打算如何调整环境，如设备、规则和员工人数，以便实现你的宏伟目标。

三个诀窍

直截了当地说：确立你的目标往往是改变的起点。这很重要。关于如何有效地制定目标存在各种见解和想法。以下是我最喜欢的三个诀窍。

诀窍1：在你的目标中加上学习

几乎所有成功的企业家都曾不得不将他们最初的商业计划彻底改变。创业的关键不在于制订一个计划，并按部就班地实现它。创业的关键更多的是制订计划、尝试、犯错、尝试、犯错、学到很多东西，然后才有希望获得成功。

这是一个至关重要的教训，而且不只是对创业新手来说。对于所有形式的变革和创新，你都必须认识到，几乎所有事情的核心都是学习。

这就是为什么设定目标时必须考虑到这一点。

不同的效果

几十年来，行为科学家一直在研究绩效目标和学习目标之间的区别。这里有几个绩效目标和学习目标的例子。

- 绩效目标：我们想获得10%的市场份额。
- 学习目标：我们要发现至少五种提高市场份额的方法；在未来三个月里，我们要找出可以让我们实现更大的市场份额的因素。
- 绩效目标：我希望我的团队在评估中至少达到8分。
- 学习目标：未来一年，我将尝试各种方法来提高我的评估分数；今年我想通过各种方式提升自己，成为一名更能鼓舞人心的领导者。

学习目标是指培养新的能力。例如，“在本月底之前，我想学习两种新的方法来赢得新客户”。

业绩目标则是要展示你的能力。例如，“在本月底之前，我将为公司谈下10个新客户”。

如果你已经具备某种能力，那么绩效目标就会发挥最好的效果。当你必须培养一项新的技能时，学习目标的效果就会更好，而变革往往属于这种情况。

例如，在20世纪90年代末，美国商业经济学家唐·范德维勒（Don Vandewalle）对必须推出新产品的销售人员进行了研究。即便是对于这种典型的“绩效人群”，学习目标也最终被证明能带来最好的结果。

心理学家阿尔扬·范·达姆（Arjan van Dam）也对学习目标进行了研究。他建议人们问问自己最终想达到什么目标。例如，最终目标可能是：创建一个成功的个体企业，或者获得工作上的提升。但紧接着，人们必须问自己以下几个问题：我想学习什么？我要获得哪些知识才能达成目标？我想培养哪些技能？这几点合起来就构成了你的学习目标。

不同的世界

因此，如何制定目标非常重要。心理学家伊莱恩·埃利奥特（Elaine Elliot）和卡罗尔·德韦克（Carol Dweck）是目标导向研究的创始人，她们指出：“从某种意义上说，每个目标都创造和组织着自己的世界——每个目标都能唤醒不同的思维和情感，并召唤出不同的行为。”

如果你为自己设定的是学习目标，而不是绩效目标，你将能够更有效地解决变革的课题。

每个目标都创造和组织着自己的世界。

下面我将概述研究中发现的绩效目标和学习目标之间最主要的区别。

- 绩效目标使人们想展示自己已经会的东西，或者想避免让他人发现自己不会的东西。学习目标能够让人们发展自己的能力。
- 与绩效目标相比，人们平均花费更多的时间和精力来努力实现学习目标。
- 在学习目标的指引下，人们不会把错误看作一种退步，而将其看作过程中的一种进步。
- 有了学习目标，人们会更重视别人的反馈，也会更快地要求反馈。

- 学习目标与日常做法有更加密切的关系。通常情况下，这种日常做法的关键不在于成功或失败，而在于在工作中、在维持关系时及在其他使生活有价值的事情上让自己变得更好一点。

- 让很多人大开眼界的是，在很多情况下，学习目标能够带来比绩效目标更好的表现！尤其是当涉及新的、复杂的任务时，学习目标会让人们的表现更加出色。

当然，你还可以想到绩效目标能够很好地发挥作用的各种情况。当你在公司里不需要学习任何新东西，只需要多加一点努力，就能实现某个成果时，就可以很容易地说："这个月的评估我要多得10%的分数。"

但是，如果你认为仅靠更努力一点是无法实现目标的，即达成目标确实需要学习新东西，需要创新和实质性的提升，那么在你的目标中加上学习就会更加有效。

一个很简单的方法是，描述你想达成的目标，然后加上一句："并且我意识到这将是一个学习的过程。"

诀窍2：为你的目标找到一个明确的理由

行为科学家认为，当人们理解自己为什么要做某些事时，他们会对目标和任务有更高的积极性（动机）。一个明确的理由将使你的目标更加强有力。

这种理由可以有不同的形式。当你的改变目标与你认为重要的价值观相关时，如保护弱者、改善环境、全民就业，目标就会让你有动力。换句话说，就是要有一个“更崇高的目标”。

此外，你当前可能面临一个需要立即解决的问题，这会给你带来一种紧迫感。例如，你在一家酒店工作，你注意到无人入住的房间数量在增加。你意识到，如果不采取任何措施，酒店将不得不关闭。

一个“更崇高的目标”

针对满意度、承诺、动机和工作表现的研究表明，一个组织的使命或目标很重要。人们喜欢这种使命感，能够感受到自己是在为更伟大的事业做贡献。

一个明确的理由将使你的目标更加强有力。

只要员工认同公司秉持的重要价值观，公司就有明确的理由激励员工。在这种情况下，员工经常提到的价值观是：自由、诚信、责任；不仅为自己工作，也为整个社会付出。

阿伦·赫斯特（Aaron Hurst）创建了一个平台，该平台旨在帮助雇主和员工将“更崇高的目标”“有意义的工作”“为什么”等抽象概念变得更加实际，更加可操作。

赫斯特与领英（LinkedIn）一起，在40个国家进行了研究。26 000名受访者被要求说出他们工作的主要动机是什么：金钱、地位还是使命？

每名受访者都认为使命是重要的。对37%的受访者来说，这甚至是工作中的主要驱动力。一般来说，这部分人在工作中更加享受，对雇主更加忠诚，表现更好。

一个很实际的要点是：当你制定一个变革目标，并且这个目标与一个“更崇高的目标”有逻辑联系时，清晰地强调这一点，让你自己和其他人都理解，是很重要的。

例如，你让公司的流程和产品更加环保，或者把你的知识和专长用于保护社会弱势群体的利益，又或者为发展中国家的同事争取更好的就业条件。

在改变过程中，很多人都会问自己：我为什么要这样做？一个明确的理由，而且是与“更崇高的目标”相联系的理由，会给你一个激发动力的答案。

另外，当你制定一个改变目标时，如果这个目标与“更崇高的目标”没有逻辑联系，那么无论你怎么努力编造出一个“高尚的目标”都是没有用的。特别是如果你是一个公司的管理者，员工很快就会感觉到这是不真实的。

一种紧迫感

变革专家把这种紧迫感称为“燃烧的平台”，指的是必须马上做某事的感觉。这个词在Piper Alpha石油平台灾难之后传播开来，为大众所知。1988年7月6日，苏格兰海岸的石油平台在一次气体爆炸后起火。在一档电视节目中，幸存者之一安迪·莫坎（Andy Mochan）描述了火灾如何迫使他在不知道是否能得到救援的情况下，在黑暗中跳入30米深的冰冷海水中。他无路可逃，要么选择被活活烧死，要么像他实际做的那样，在黑暗中一跃而下。

紧迫感往往是开始行动的先决条件，只有当不改变的痛苦大于改变的痛苦时，才会产生行动。

只有当需要采取行动的人亲身体验到这种紧迫感时，这种紧迫感才是最强烈的。也就是说，只有公司的管理层有紧迫感是不够的。

一个很实际的要点是：当你思考改变时，不要只关注改变的好处，也要把注意力放在维持现状的弊端上。如果你不改变，会出什么问题?

如果你想和其他人一起改变，在推销解决方案之前，先推销问题。让人们先体验到问题，再让他们寻找可能的解决方案。

但我还必须提醒你，如果紧迫感极为强烈，而人们看不到任何改变现状的可能性，那人们就会逃跑而不是应战。

不要只关注改变的好处，也要把注意力放在维持现状的弊端上。

紧迫感就像咖啡，只需一杯就能让你更加警觉，你会表现得更好。但连喝五杯的结果则是让你焦躁不安，以至于什么都做不了。

紧迫程度过高往往会导致恐慌。

你必须感受到那个理由

无论是对于“更崇高的目标”，还是对于紧迫感，只有当你亲身体验到改变的必要性时，才会产生最好的激励效果。

说到“更崇高的目标”，我有一些亲身体会。在过去的几年里，我一直在为援助组织做志愿者工作。与这些组织的管理人员交谈，通常足以让我充满动力地去承接这样的项目。当我能面对面接触到那些接受援助的目标人群时，这种影响就更大了。

第一次访问难民营或贫民窟的经历，是你一辈子都不会忘记的事情。你一定会感觉到：我必须做些什么，我必须尽力帮助这些人。

约翰·科特（John Kotter）说，紧迫感的核心在于亲眼看见和亲身经历。他把这个规律称为“看到-感受-改变”。这个方法比你通常在公司里看到的方法——分析-思考-改变，有更好的效果。改变的愿望不是由分析和思考带来的，而是由亲眼看到和亲身感受到真实的问题推动的。

举例说明。我参加过一个会议，客户们在互相谈论他们对某些产品的抱怨。会议由一位主持人控场。这些产品的制造商也坐在听众席上，但他们只被允许听。他们中的很多人听到这些故事后很明显感到了震惊，他们真的觉得是时候改变了。

诀窍3：如果你有两个及以上的目标，请明确地列出它们的优先级

无论是在工作中、在学校还是在家里，当人们有明确的目标时，他们就能茁壮成长。人们会提出这样的问题：此刻

我应该做什么？当下最重要的事情是什么？在当前情况下，哪种选择是最好的？

为了能够在复杂的世界中做出选择，需要有明确的目标。最好一次一个目标。如果涉及更多的目标要实现，那么你需要知道：哪个目标是最重要的？在此之后哪个目标最重要？优先级是什么？

这个原则适用于一般的工作情况，当你要做出一些改变时，更要遵循这个原则。

如果可能的话，一次只选一个目标

在21世纪初，曾经流行一个迷思，即女性可以同时处理多项任务，而男性不能。但最近的大脑和行为研究已经充分表明，男性和女性都不善于将精力同时分摊在两个或更多的任务上。研究人员称，多任务处理会导致注意力不集中、工作速度慢、出现更多工作错误等不良影响。

通常，最有可能的是将习惯性行为——那些你可以无意识地、自动做出的行为，与聊天或其他事情相结合。大多数人可以边吃三明治边在街上走，而不会造成事故。但在开车时，一边进行严肃的电话会议，一边还要在复杂的立交桥上选择正确的出口？我已经记不清有多少次我在想往北开的时候却往南开了。

相比之下，一次一个目标，会产生巨大的收益。研究者朱迪思·奥尔森（Judith Olson）和加里·奥尔森（Gary Olson）（没错，他们是一对夫妇）在几家公司进行了实验，他们称之为“作战室”实验。实验内容是在办公空间，同一个团队一次只为一个项目一起工作。结果是什么？更高的产出率，产出率是正常办公环境下的两倍。每个项目的产出时间也缩短了许多：最多减少到常规用时的1/3。

多任务处理会导致工作放慢、错误增多。

对改变来说，归根结底就是要为一个新的目标努力并熟练掌握新的行为，为此你需要集中所有注意力。因此，如果可能的话，一次只选择一个目标。如果你必须实现多个目标，那么就一个一个来。

像迪士尼那样去做

几年前，我对一家大型电信公司进行了调研。为了熟悉该公司的日常工作，我选择在几个工作日，在几位工程师工作期间跟在他们身边。我接触了一些个人和公司，并仔细观察，在我能出力的地方提供帮助，并在路上、在车上与他们广泛交流。

我还问工程师们，他们工作中最重要的目标是什么。每个人都认为有两个目标是最重要的：最大化客户满意度和最大化收费金额。两者同样重要。

当我问到这两个目标是否相互冲突时，他们笑了："当然，永远冲突！"在实际情况中，我观察到工程师会自己做决定，"客户满意度"经常被用来作为降低报价的理由。不言而喻，很多客户对此非常满意，并很热情地感谢工程师。

但还有其他的做法。每个开始在迪士尼乐园工作的人都会接受为期两天的强化培训课程，课程中下面这张清单是关键。

（1）安全。

（2）礼貌。

（3）表演。

（4）效率。

清单的具体内容是什么并不那么重要，在这里最重要的是清晰度。四个强有力的词列成一个清晰的主次顺序，这能帮助你在工作中做出选择。经过这两天的培训，迪士尼乐园的每个人都明白：如果我正在清扫街道，看到一个孩子爬到了垃圾桶上，我必须立即停止工作，关注这个孩子的安全。

这是一个很简单的原则：像迪士尼那样去做。如果你想做出某种改变，而且你必须为多个目标努力，那就做一个简短的、带编号的清单，列出明确的、清晰的优先级。优先级能帮助你在行为上做出明确的选择。

以上这些就是关于设定目标的诀窍。在下一章，我们将沿着“梯子”下行，看一看选择行为和描述行为的诀窍。

总结

- 变革的核心在于学习，所以在你的目标中加上学习。
- 为你的目标找到一个明确的理由。这个目标为什么这么重要？为什么你现在要努力实现它？
- 如果你有两个及以上的目标，请制定一个明确的优先级清单。

思考题

对于你正在考虑做出的改变，你能够想到的目标是什么？

6

中间一级台阶：明确行为

- 令人惊讶的是，有很多人从来没有想过这个问题！
- 如何建立良好的行为意愿？三个诀窍！
- 超级重要——选择你喜欢的行为。

艾斯克·阿杰岑（Icek Ajzen）——变革心理学界的一位“巨人”，是一位睿智、冷静、友好且谦虚的学者。但是当我几年前采访他，与他探讨他的职业时，他非常直言不讳。

比如，阿杰岑认为，很多在商业领域和政府事务上做决策的人不具备所需知识或批判能力，无法清楚地考量变革问题。而这正是干预措施失败率高的主要原因。

阿杰岑认为，事情往往会在最关键的地方出错：“如果你想改变什么，你首先必须明确你想看到的行为。这是整个过程中最重要的一步，而令人惊讶的是，有很多人从来没有想过这个问题。”

而他自己也在这件事上得到了教训。他告诉我，多年前，在他进行的一项研究中，他需要为一个治疗项目招募酗酒者。阿杰岑说：“我们做了一场讲座，基本上讲的是如果他们继续喝酒，各种可怕的事情都会发生在他们身上。他们的精神健康会恶化，他们的关系会变糟，等等。但是这场讲座却起到了反效果。报名的人还没有不办讲座的时候多。”

阿杰岑和他的团队反思他们做错了什么，最后发现他们将关注点放在了错误的行为上。“讲座宣传的信息是关于戒酒的，但我们真正想看到的行为是报名参加治疗计划。这是两件不同的事情。因此，我们设计了一个新的主旨信息：如果你不报名参加治疗计划，各种可怕的事情都会发生在你身上。之后参与者的数量就增加了。”

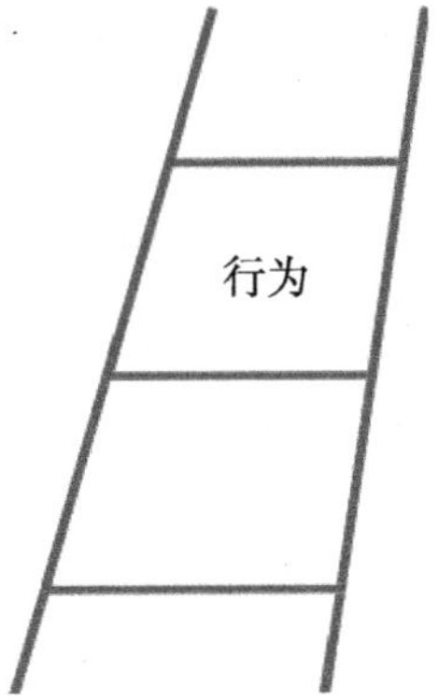

“梯子”：中间一级台阶——行为

为什么行为如此重要

无论你是一个正与人员过多的问题做斗争的政策制定者，还是一个在为员工争取更高工作满意度的管理者，对大多数目标而言，行为改变都是必要的，对他人，对你自己，也是一样的。

行为改变是核心。没有行为改变，战略和政策只是纸上谈兵。行为因素在变革中的重要性非常高，再多强调也不为过。行为就是番茄汤中的番茄，乐队的灵魂主唱。

如果不关注行为和行为改变，那么任何一本关于管理、个人领导力或社会变革的书都毫无用处。

如果行为改变是核心，诀窍就是选择关键行为。如我前面提到的，只有行为是切实可行的，才能使人们更接近目标，还可能产生一些积极的副作用。

举个例子。如果你想让自己的身体更健康，那么跑步会带来一些好处。你不需要任何特定的技能，无论你在哪里都可以做，而且你会很快变得更健康。除此之外，有很多人在有规律地跑步后，似乎觉得自己在心理上也变得更健康。在跑步的时候，你甚至可以听一些激励人心的播客。

一旦找到了关键行为，你就需要非常精确地去定义它。我个人的口头禅是：只有当你能展示并模仿某个行为时，它才是合格的。

行为意图和行为的驱动力

你肯定记得：能力、动机和环境是人们行为的驱动力。如何选择理想的行为，很大程度上取决于（你已经猜到了）这三个因素。

具体的行为意愿会刺激人们的动机。就像目标一样，行为意愿将人们的注意力、精力和创造力集中在某个特定的任务上。

当然，与其他行为相比，人们会对某种行为感觉有更多的动力，这是合乎逻辑的，这是人们的经验和期望的结果。

另一个重要的因素是：与你的能力不相符或在你的环境中不可行的行为意愿会减少积极性。

当你设定一个行为意愿时，必须考虑能力、动机和环境。因此，作为一种确认手段，针对每个行为意愿，都要问自己以下三个简单的问题。

- 这真的有可能吗？我有这个能力吗？

- 我是否真的想这样做？我是否有动力去做？
- 在我的环境中，这个行为意愿能成功吗？

每个改变的核心都是确定想要的行为。根据现有的研究和我自己的经验，这里有三个诀窍可以帮助你尽可能有效地做到这一点。

诀窍1：选择你喜欢的行为

如果你看到某人实现了一个重要的目标，你往往会想：哇，多么坚定的决心！多么坚强的意志力！多么坚韧不拔的精神！这些都是你想拥有的美好性格特征。

但相关研究证实了一种不一样的见解：人们坚持某种行为的真正原因，往往是该行为给他们带来了享受。

享受可以起到作用。从正在做的事情中获得的即时快乐体验，对实现目标至关重要。阿耶莱特·菲什巴赫（Ayelet Fishbach）和凯特琳·伍利（Kaitlin Woolley）是动机领域的两位专业研究学者。他们对关注健康饮食、运动和学习的人群进行了研究。

所有参与此次研究的被试者都说，他们认为自己所进行的活动的长期目标是最重要的。但当研究人员观察他们的实际行动时，却发现，只有短期的快乐才是最重要的。

最终坚持健康生活并在学习上花费大量时间的人并不是最重视长期目标的人，而是那些享受这个活动本身的人。

从正在做的事情中获得即时的快乐至关重要。

芭芭拉·弗雷德里克森（Barbara Fredrickson）的研究也表明，乐趣有更多的积极作用。当你体验到负面情绪时（如在你的日常工作中），你将更不容易看到机会的存在，你会变得更加小心翼翼。积极情绪则有相反的效果，你能看到更多的机会，也愿意进行更多的尝试。

而这就是人们成长的轨道，人们扩大自己的行为范围，认识更多的人，甚至可能在工作中变得更加成功。

乐趣是必不可少的。你可以通过两种方式很好地运用这个理念。

（1）选择你当下喜欢做的行为。

（2）选择那些能变得让你喜欢的行为。

寻找令人愉快的行为

如果你开始寻找令你愉快的行为，你可能会想到一些被当今心理学家称为“优势”的行为。

优势是指你擅长的活动和能给你带来能量的活动。要找出你的优势是什么，很容易。例如，你可以在一周内以上述两点为标准，追踪自己的行为。你也可以问问朋友或同事，他们会注意到你在哪些场合如鱼得水。

在组织内，有一种方法可以确定组织的“优势”——员工擅长什么，他们从什么地方获得能量，这个方法就是欣赏式探询（Appreciative Inquiry，AI）。这种方法是由商业研究者大卫·库珀瑞德（David Cooperrider）开发的，非常适用于组织的变革。AI发挥作用的机制是积极寻找正面的“偏差”。当你观察一个组织时，你需要问的问题是：这里哪些方面运作良好？哪些方面在什么时候超出了预期？其中的窍门是识别出那些推动成功的核心行为——管理者和员工的行为，并强化它们。

这里哪些方面运作良好？

在做研究时，我发现，在公司利用“优势”和有效行为的效果特别好，尤其是当你允许员工做出个性化的选择时。例如，一个销售团队中的一些成员非常擅长热情地说服客户，而其他成员则擅长耐心地倾听和提建议。显而易见，差异如此之大的两个群体不会那么容易地做到效仿对方的行为，甚至不愿意去效仿。

因此，作为管理者，不要专注于推行“唯一”的最佳做法，而要让每个员工设定自己的个人行为意愿。你可以尽情提供各种小建议和有效的行为范例，但要把最终选择权留给必须做出这些行为的人。

让行为变得有趣

如果你不喜欢达到目标所需要的行为，你可以试着让它变得有趣。

最好的方法是将行为与即时奖励联系起来：在你锻炼的时候播放有趣的音乐；与优秀的同事一起工作。不断提醒自己那个最重要的目标，并定期监测你在实现目标的道路上前进了多少。

这里有一个有趣的替代方案：一些组织利用“游戏化”，将计算机游戏技术应用于工作中。一个鲜明的例子是网络游戏Foldit。

几年前，美国分子生物学家开发了这款游戏，用来分析一种与艾滋病有关的复杂蛋白质的结构。他们把这款游戏公布在互联网上，鼓励人们来玩，并和他们一起思考。就像玩许多流行的网络游戏一样，参与者可以赚取积分，并在小组中交换意见。

结果出乎意料：在十天内，46 000名狂热的游戏玩家解决了这个研究人员已经研究了15年的问题！

诀窍2：尽可能具体且清晰地表述想要的行为

埃塞克·艾奇森对此非常明确：如果人们想做出某种改

变，就必须清晰地描述达到目标所需的行为。他认为，这是每个改变过程中最重要的一步。

因此，问题是：你具体需要做些什么来实现你的目标？在现实中，这看起来是什么样子的？你能示范这个行为吗？有人能模仿它吗？

在行为科学文献中，这个步骤通常被称为行动规划。你需要描述一下：到底让谁做什么来实施这一改变？具体多长时间一次？持续多长时间？多频繁？在什么地方？什么时候？和谁一起？

在我举办的主题讲座和研讨会上，几乎所有人都认为这是变革计划中最困难的部分。一部分原因是，你越是具体地描述新的、预期的行为，你的计划就越有约束力，你把自己逼到了一个不得不做的境地。

还有一个原因，那就是许多行为意愿往往听起来相当“简单”，甚至不足为奇。如果你仔细想想，其实这是很符合逻辑的。行为意图是为了将比较宏大的目标转化为更切实、更具体的行动，有时甚至是日常的行动。

因此，你需要把一个听起来像“不再浪费经费”这样有力量的目标翻译成：“对于花费超过20 000欧元的决定，我将首先咨询至少两个其他部门的同事，而且不是通过电话或电子邮件咨询，是面对面讨论。”

而“健康的工作生活平衡”这个目标则需要被翻译成：“我将在每天17点清理办公桌，在为第二天早上写好待办清单后关闭电脑，并在晚上与我的爱人在一起。”

赢与输之间的区别

体育界满是极端的例子，向人们证实了如果不把目标转化为具体的行为，就不会取得任何进展。在体育运动中，赢与输的区别往往在于是否能确定正确、具体的行为改变。几年前，荷兰顶级运动员达芙妮·希珀斯（Dafne Schippers）想成为一名更优秀的百米跑运动员。通过对她的比赛视频进行分析，教练发现她在起跑时抬腿的幅度有些大，这意味着她比其他运动员晚一点触地。这导致她比其他选手慢一些达到最快速度。在100米的距离中，第一步就可能会让选手输掉比赛。因此，这一点成为希珀斯训练计划中的一个关键要点。

将目标转化为行为是困难的，但收益是巨大的。约翰·诺克罗斯（John Norcross）等人的研究表明，当人们将目标转化为具体行为时，目标实现的概率要增加十倍以上。

将目标转化为行为是困难的，但收益是巨大的。

一起定义行为

我提到的许多例子都是一个人可以实施的改变。但是，如果你想改变一个组织或一个社区，各种形式的相互影响往往发挥着作用。这里存在一个相互联系的行为网络。

在这种不断变化的情况下，对所有参与方来说，最明智的做法是一起来识别和分析不同群体或个人的行为是如何相互影响的。

让我们再看看第2章中洗手的例子。在医院，你会发现不同类型的工作群体：管理者、医生、护士、维修人员。他们都在鼓励洗手这件事上发挥作用。管理者必须创造一个使洗手变得容易的环境。医生和护士必须挽起袖子洗手。而维护人员必须保障后勤，如确保皂液机不会空。

在这种情况下，当你想实现持久的改善时，许多人需要开始实施不同的行为改变。有以下几个选择。

- 每周，管理者可以和一名一线员工一起观察人们怎样洗手（或不洗手）。他们要特别注意工作环境是否足够方便地让人们遵循洗手程序。除此之外，他们还需要观察人们的工作压力，以及皂液机的覆盖率和便利性。

- 医生和护士可以达成以下共识：只要我们看到同事不洗手，就会立即提醒他们注意（通常是不假思索地）。团队领导可以在此树立一个好的榜样，当同事没有洗手时，确保自己提醒他们注意。

- 维修人员可以保证，当有人报告皂液机空了时，他们会在五分钟内补上洗手液。

实施意愿

设定行为的一种特殊方法——也是一种非常有效的方

法，是制定“实施意愿”。这个术语是由研究者彼得·戈尔维策（Peter Gollwitzer）提出的。他发现，当人们事先描述自己打算如何及在何种情况下实施某个行为改变时，他们实际做出该行为的意愿会大幅增加。

一个常见的行为意愿可能是：从现在开始，每天我都会向一个我还不认识的同事发起对话。

那么相应的实施意愿可以是：如果我去食堂吃饭，那么我会坐在不认识的同事旁边，向他发起对话。

戈尔维策的研究表明，第二种表述方式会使人们实际做出想要的行为的概率增加2~3倍。效果非常不错。

实施意愿也经常被称为“如果……那么”陈述，或者被称为“如果……那么”意愿。

表述这样一个“如果……那么”陈述句，是一个非常明智的做法。你是在把具体的行为与环境中的一个可见的元素联系起来。

这样一来，你不必提醒自己行为意愿是什么，情景或环境会提醒你（这里你可以再次看到，“环境是行为的驱动力”）。你一走进食堂，就会马上想到：“好吧，发起对话吧。”

将“如果……那么”意愿与现有的习惯联系起来也是很有效的。如果你想多做运动，可以使用以下实施意愿：当我去洗手间时，我会选择顶楼的洗手间，然后走楼梯上去。

研究表明，实施意愿有助于打破旧有模式，使人们更容易执行新的行为意愿，而且有助于人们坚持行为改变。

提醒：养成好习惯

最后，我想着重强调一个特别的观点：如果可能的话，设定一个可以一直做下去的行为，而不是一个在短期内做出的行为。好的习惯总是胜过一次性的举措。

习惯就像河流，不断流淌，最终改变整个地形。习惯造就了人类的生活、组织和社会。那些最成功、最持久的改变发生的秘诀就是养成有效的新习惯。去养成好习惯吧！

习惯造就了人类的生活、组织和社会。

诀窍3：想得“简单”一点，让第一步尽可能地容易

好的老师都知道，成功的经验对学生来说是多么重要。这就是为什么这些老师几乎总是在一开始先布置学生能够轻松完成的作业，确保学生继续小步小步地前进比要求他们迈出大的步子要好，因为后者会导致学生失去兴趣。

其中的教训是，在走向改变的过程中，让第一步尽可能地容易。如果有必要，像婴儿学步一样，设定一些小得可笑的任务，因为这里重要的是让人们开始。

每个打算做出某个特定行为的人，或者每个被别人要求做出某种特定行为的人，都会自动地评估以下这个问题：我能够做到吗？心理学家称之为“自我效能感”或“自我能力认知”。当涉及某个行为意愿时，有一点很关键，那就是你一定要想：这没问题，我可以做到。

怎样才能做到这一点？不是让你站在镜子前用拳头捶打

自己的胸口，同时说“是的，我能行”，而是很简单地，从你过往的经验中选取一个你已经知道的事实：我可以做到。

重要的是，第一步要足够简单，以至于你会认为：哦，这很容易嘛。举个例子。与其设定一个孤注一掷的行为意愿（如“我要开始跑步，每周至少跑10千米”），你不如只对自己说：“每周六早上闹钟一响，我就穿上跑步的运动服。”仅此而已。即使你之后只是再爬回床上，那也穿上你的跑步装备！

再举个例子。与其决定从现在开始提前一小时起床，不如把闹钟设成只比平时早五分钟。

这背后的道理是，如果你穿着运动服躺在床上，你会想：我不如去跑一个短程。而如果将闹钟设成比平时早五分钟，并且坚持整整一周，你几乎不会注意到与上一周的区别，这时你会想：再早五分钟也无妨。

心理学家把这称为“塑造”。朝着你真正想看到的行为一步一步地努力。

如果你想让事情变得更简单，你也可以决定像婴儿学步一样，设定一些小得荒谬的步骤，作为测试。试行一周，看看是否有效。如果有必要，让你的行动意愿变得更小或更简单。

最后，一个小小的提醒：你可能认为，用这种像婴儿学步的方法，你永远没办法实现巨大的改变。因此，我还想再次强调：这些都是改变的开始，最重要的是你开始了改变。在这之后，你就可以一步一步地扩大这个行为改变。

这些就是我提供的诀窍，它们可以帮助你有效地设定具体行为。下面我们将进入“梯子”的最下面一层，看看与支持有关的诀窍。

✓总结

- 选择你喜欢的行为，这已经被证明是有效的。
- 尽可能具体、清晰地表述你想要的行为。
- 想得“简单”一点，让第一步尽可能地容易。

思考题

对于你正在考虑做出的改变，你能想到什么具体的、简单的行为？

7

最下面一级台阶：安排支持

- 心理学史上最好的概念之一。
- 三种最有效的支持技巧。
- 如何阻止自己重拾旧习？

当企业家迈克尔·布隆伯格（Michael Bloomberg）在2002年上任纽约市市长时，他的第一个干预措施是设立一个“敞开式办公室”。这是一个大的开放空间，有大约50张一模一样、大小适中的桌子。

从那之后，纽约市最高行政长官和他们的助理都会坐在这里办公，彼此都能看到和听到，布隆伯格本人就坐在中间。

这种新方法打破了190多年来已经深入人心的封闭式办公传统，直接借用了布隆伯格公司的做法——作为公司的创始人和董事，他总是坐在员工中间。

根据他的经验，重新设计工作环境是改变人们行为的一个简单的方法。他通过设立敞开式办公区，实现了（实际上）更多的透明度和更多的相互协作。

布隆伯格的另一个重要关注点是减少城市中的吸烟量。他安排工作人员持续测量纽约人的吸烟习惯，香烟税被大幅提高，在办公室、咖啡馆和餐馆，吸烟被禁止。后来，在室外，包括在公园吸烟也被规定为不合法行为。此外，他还推出了一系列预防措施和戒烟计划。布隆伯格的政策被认为是全世界在戒烟领域最成功的干预措施之一。在他担任市长的12年里，纽约市吸烟者的比例从22%下降到14%。

作为市长，布隆伯格以一种特殊的结构化方式工作。他制定了明确的目标，知道实现这些目标需要哪些行为，他探索有实证支持的技巧来激励这些理想的行为。

然而，实施这样一种结构化的方法并不能保证获得所有人的赞誉。布隆伯格的反对者一直把他比作一个什么都管的保姆，还给他取了“布隆伯格保姆”的绰号。

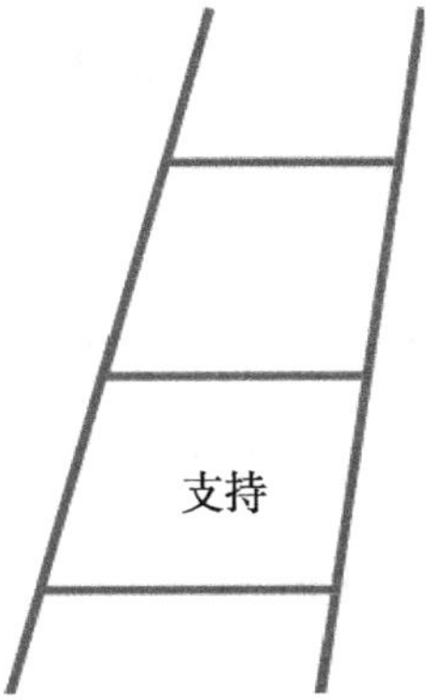

“梯子”：最下面一级台阶——支持

为什么支持如此重要

在前面的章节中，你读到仔细设定目标和期望的行为会增加人们实际做出该行为的概率。

“梯子”的最下面一级台阶——支持，讲的是利用支持技术来激励人们做出想要的行为。

落实这样的技术不是“锦上添花”，而是必需的。通常情况下，要用新的行为取代已有的行为，并使改变获得成功，需要付出大量的努力。为自己写下一个行动意愿，贴上几张海报，在改变开始时发表励志的讲话——遗憾的是，这些行动都只能产生短期的效果。

虽然我喜欢参考科学研究，但我也用批判的眼光来看待它们。很多在实验室场景中进行的研究都很难站得住脚，一旦遇到现实的混乱就败下阵来。

在一个受控的实验中，一个微妙的刺激——房间里的特定气味，一个小小的金钱奖励，一位演员在实验中扮演某个不寻常的角色，都可能产生实质性的影响。但在繁忙的工作或家庭环境中，一般的干预措施会被已经存在的各种噪声淹没。

这就是为什么利用几种强大的技术来支持改变是如此重要。在第3章，我详述了改变为什么如此困难。改变往往是与自己的习惯做斗争，与避免痛苦的倾向做斗争，与保持当前不良行为的各种环境因素做斗争。

支持技术则能帮助你突破这一点。改变环境、为关键时刻做准备、监控自己的行为等，此类技术是你在“改变”这场战役中获胜的武器。

还有一个很重要但经常被人们忽略的困难：很多支持技术本身也会要求人们用到新行为。

举例说明。作为支持，你可以请一个朋友来指导你，给你反馈，而且这确实有帮助。但是，毫无疑问，你必须先邀请那个朋友，而你的朋友也必须给你反馈。这里就涉及两种新行为，因此这也成为改变过程中的两个薄弱环节。

我的建议是，首先寻找不依赖你自己或他人努力的支持技术。因此，你可以首先尝试看看（就像布隆伯格一样）能不能在物理环境中落实一些改变。

支持技术和人们行为的驱动力

在第3章，我描述了人们的行为的三个驱动因素：能力（我能做到这个吗）、动机（我想做这个吗）和环境（在这里能做到吗），它们是指导行为的基本因素。使用本章所述的支持技术，你将能够影响这些因素，并改变你的行为。

有些支持技术特别注重提高人们的能力，即人们身体和心理方面的可能性。

例如，进行一次线上培训，或者某个年轻的员工帮助年长的同事熟悉最新的信息技术。

此外，还有各种各样的技术来支持人们的动机，使人们更想做出理想的行为。

此类情况的例子包括追踪记录自己的行为，以及用视觉化的方式展现自己的进展，称赞和物质奖励也会起到作用。

最后，还有一些支持技术特别能通过环境来激励想要达成的行为，如对物理环境的干预，在工作空间放置提醒标牌。荷兰连锁超市Jumbo的“七个肯定”就是这样做的。在超市的每个地方，员工都会看到提示语，提醒他们Jumbo超市对顾客做出的最重要的承诺，如在收银台排队时间短等。此外，你也可以利用社会环境促成改变。通过与你的朋友、同事或舍友分享你改变的良好意愿，你就能调动他们的帮助。他们可以拉你一把，特别是在那些你觉得困难的时刻。

老实说，在实践中，情况很少像我现在描述的这样可以被清晰地划分。例如，举办培训课不仅可以改变你的能力，还有激励作用，同时也能改变你的社会环境。

最重要的是，你可能认为某个老师是一个很好的培训师，但他和你并不那么投缘。这样的话，这个培训可能会给你的能力加分，但会给你的动机减分。

在本书最后的附录中，我列出了大量的支持技术。要选出最有效的支持技术，首先需要预估最大的瓶颈在哪里。

- 能力是问题吗？你是否需要开发新技能？
- 如果缺乏动力，你是否想要足够的动力？

- 还是说问题其实在于当前环境为达成理想的行为提供的机会太少？

还要切记，只用一种支持技术是不够的。如果可能的话，使用三种或更多的技术。一个目标、一个行为和至少三种支持技术。

切记，只用一种支持技术是不够的。

有大量研究调查了哪些支持技术在行为改变方面是普遍有效的。根据这项研究和我自己的经验，以下是我最喜欢的三个诀窍。

诀窍1：确保直接环境使你想要的行为变得“容易”

在本书中，我经常会重复这一点，因为人们往往低估了这一点的重要性：人们的行为在很大程度上是由其所处的直接环境决定的。

因此，对你想做出新的、期待的行为的环境来说，应确保该环境尽可能地使新行为变得容易。“容易”在这里是一个有魔力的词。

行为经济学家理查德·塞勒（Richard Thaler）说得很好：“没有人相信自己可以在没有任何帮助的情况下早上七点起床，所以我们会设置闹钟。你也应该按照这个方法来处理其他改变的意愿。”

塞勒和他的许多同事都主张人们应从从环境中获得小的推动力——他们将其称为“助推”，这将使人们朝着正确的方向前进。

塞勒本人更喜欢简单、实用的解决方案：“我最喜欢的助推之一是在伦敦的几乎每个人行横道上，你都会看到文字‘向右看’。这几个字曾多次使我免于被双层巴士碾压。”

事物和人

行为科学家对事物和人进行了区分，或者说得更清楚些，他们把人们所处的物理环境与社会环境区分开来。

让我先举几个利用物理环境来帮助产生改变的例子。

- 如果你想少吃糖果，那就确保家里没有任何糖果或零食。或者把它们放在某个地方，让你必须付出努力才能拿到。

- 如果你想让自己的日程安排更从容一些，那就提前几周为工作预留出不受干扰的时间段。

- 如果你想让人们如实填写报税表，那么就在发给他们的表格中填入你已经掌握的关于他们的信息，这会有帮助。

如果是利用社会环境来实施改变，那么可以参考以下几个例子。

- 如果你想让同事们更频繁、更迅速地讨论重要的决策，那么就让他们在物理位置上尽可能地靠近。研究表明，即使在这个充斥着电子邮件和短信的时代，物理距离也是互动接触的最有力的预测指标。

- 如果你想更经常地锻炼，就加入一个运动俱乐部。和一群人一起去跑步或骑行，通常比你自己去跑步或骑行更频繁，走得更远。或者你也可以与几个朋友定期约好去锻炼，最好是那些在某项运动上比你强一点的朋友。

- 如果你想在领导力方面有所成长，可以与你公司内的几个管理者组成一个同辈教练小组，每周一一起吃早餐，告诉对方下周你想在领导力上有哪些提高。每周四早上，在上班的路上安排一个常规电话会议，在一分钟内相互告知本周到目前为止的进展情况。

换句话说，确保你的直接环境（你在行动过程中看到和听到的环境）可以让你想要的行为尽可能容易地实现。不管你是想改变自己的行为还是想改变别人的行为，这一点都适用。

驱动力和抑制力

心理学家、诺贝尔奖获得者丹尼尔·卡尼曼（Daniel Kahneman）最近谈到他认为的心理学史上最好的见解。这个见解是由著名学者库尔特·勒温（Kurt Lewin）提出的关于人们是如何改变行为的。

勒温认为，是否能表现出理想的行为，主要由两种力量决定——驱动力和抑制力。在任何情景下，这两种力量都在物理环境和社会环境中发挥作用。根据勒温的观点，人们最终表现出来的行为是这两种力量之间的一种平衡状态。

最好的方法是减少抑制力。

举个例子。你想每周跑步三次。那么环境中存在的驱动力可能是：关于定期跑步是多么健康的信息。而抑制力可能是：其他要履行的义务太多。卡尼曼说："勒温的见解是，如果你想实现行为改变，有一个好的方法和一个坏的方法。好的方法是减少抑制力，而不是增加驱动力。"因此，如果你想跑步，多读一些关于跑步是多么健康的文章不会对你有帮助，但减少你其他任务的数量会有帮助。

勒温认为，人们往往选择了错误的方法，开始强迫变革的发生。人们试图增加驱动力，而且往往是通过语言交流的方式。在一个即将引入变革的公司，首席执行官会做一番演讲，说明必须发生什么及为什么要发生。但勒温的理论告诉我们，这通常会导致抑制力的增加，效果不是很好。

根据勒温和卡尼曼的观点，当涉及一个团体、公司或社会整体的变革时，人们不应该问自己：我应该如何让他们去做？而是应该问：为什么他们现在没有做这件事？卡尼曼说："你要问自己：'我怎么做才能让这个人更容易做出理想的行为？'"通常，答案都与消除物理环境或社会环境中的障碍有关。

不要沉迷于"从错误中学习"

我已经多次看到这种情况的发生：在很多公司，员工被要求表现出新的、不同的行为，却发现没有机会真正将这个行为付诸实践。只因为环境中存在太多抑制力，而这些抑制力却没有得到任何关注。

举个例子。一家大型律师事务所的合伙人要求其员工"偶尔"花一些时间用于"从我们的错误中学习"，这对每个人和公司的文化都有好处。

这样的要求听起来很不错，但其中有各种隐患。首先，需要更清楚地描述理想的行为。合伙人所说的"偶尔"是什么意思？员工需要花多少时间？和谁在一起？具体怎么做？怎样做才能真正带来讨论的好处，而不只是聊八卦和打小算盘？

此外，在这家公司，员工只能在时间管理系统中计算工时，并且只有为外部或内部客户做的工作才能计入工时。即使设定了相关的目标并设定了明确的行为，工作环境中的这种障碍最终仍会导致行为和目标无法实现。

那么在这种情况下，你至少要做些什么呢？可以调整时间管理系统，增加一个额外的时间记录选项，如“共同学习”，并奖励那些经常在这项活动中投入足够时间的人。让想要的行为成为可能，让它变得简单。

诀窍2：为关键时刻做好准备

每次变革都会经历困难时刻：当你的变革有可能失败的时候；当你的新行为难以坚持，你有可能暂时地或永久地重新回到旧习惯的时候。换句话说，这些时刻都是关键时刻。

应对的诀窍是事先找出这些时刻，并想出应对方法来让变革继续下去。在学术文献中，这被称为障碍识别和问题解决。研究表明，这是增加变革成功概率的一个有效方法。

在这件事上可以参考的例子是大型餐饮店和酒店连锁店培训员工的方式。在星巴克和万豪酒店这样的公司，员工会不断地练习应对那些焦虑不安的、失望的或根本不友好的顾客。

当顾客态度良好时，提供友好的服务并不难。但当顾客表现得很糟糕时，要保持礼貌、乐于助人就不那么容易了。你会下意识地指责对方，整个问题就会升级。在这种关键时刻，你必须压制你的“自然”行为，以友好的方式继续寻找解决方案。

我注意到，当被问到的时候，大多数人都能很容易地指出变革中会出现的困难、复杂性和恼人的情况。但在许多情况下，他们不愿意过多地思考这些问题。“船到桥头自然直”，这是我经常听到的说法。

但问题是，当关键时刻出现时，如果你没有做好准备，你几乎百分之百会重拾旧习。

防御行为

关于管理者在变革过程中的行为方式，人们已经做了大量的研究。令人吃惊的是，大多数管理者都非常清楚自己期望的是什么，但在压力大的情况下，他们仍然会做一些事情，这些事情会伤害他们自己和变革的过程。

在压力情境下，许多管理者会自己破坏自己的进步。

举例来说。在一次安排好的会议上，员工可以表达他们对变革计划的意见。作为一名经理，你知道你应该做什么：不要说太多、问太多，只要倾听就好了。最重要的是，认真对待员工的意见和感受。这里理想的行为再清楚不过了。

但实际发生了什么？会议进行了一段时间后，一个你不喜欢的员工站起来发言。他指责你为了保住自己的工作，设计了整个变革计划。他说管理层只关心取悦股东。他还说最糟糕的是你对员工的意见完全不感兴趣。

你再也无法控制自己了，于是你发表了个人评论，而且很有效，员工停止了说话，坐了下来。

直到会议结束后，你才意识到你犯了一个大错，当时的压力让你做了你不想做的事。

管理研究学者克里斯·阿吉里斯（Chris Argyris）把这种行为称为“防御惯常”。当时的压力让人们进入防御模式，人们本能的反应是避免痛苦和损失，而且是在当时当地。这就是人们破坏本希望与他人一同长期争取实现的变革的方式。

那你应该怎么做？答案是：在会议之前，你不应该只为自己设定期望的行为，还应该列出可能遇到的困难时刻，并为它们做好准备。

我在第6章提到了一个小技巧，它可以帮助你为那些困难时刻做好准备：制定一个实施意图——一个“如果……那么”计划。

用这种方法，你可以按照一个固定的公式，描绘出各种预期的关键时刻：如果x发生了，那么我就做y。

不可预见的关键时刻

然而，改变就是要做新的事情。这往往也意味着接受新的、意外的挫折，那些不可预见的关键时刻。

要想为这些做好准备，那就订立一个“如果……那么”的意愿：如果发生意外的挫折，我就暂停休息一下，反思一下我的目标。

不要马上做出反应，而是冷静地数十个数字再发言。短暂地休息一下，并提醒自己：我正在努力实现的改变目标是什么？短暂地休息并反思你的目标，往往和制订一个更详细的“如果……那么”计划一样有效。

诀窍3：行为的自我监测

在尝试改变时，最简单且最有效的技术之一是行为的自我监测。这是指追踪和记录自己的行为，至少每天一次。你选择的监测形式和频率部分取决于你想改变的行为。所以要多尝试，必要时进行调整。

重要的一点是，这种技术并不是让你记录取得的成果，或者说产出或产品。你记录的是你表现出来的行为：投入，你的投资。

为什么记录行为而不是成果？因为所有的变化都是从行为开始的，而成果是随之而来的。

通过记录你的行为，你可以看到自己是否还在正确的轨道上，或者是否必须修改自己的行为，或者设定更小的行动步骤。

你可以用不同的方式来练习自我监测。以列表的形式记录在日记或专门的改变记录本中，在电脑上的电子表格中，或者在智能手机上，甚至还可以利用一些App。

但不管你用什么方式，要问的问题都是一样的：我今天做了我想做的事吗？

还有一种特殊版本的自我监测。在这个版本中，你记录的不是你的行为，但每天你都会根据以下问题给自己打分：我今天有没有尽力把我的改变意愿付诸实践？

因此，在这种方法中，你关注的是你每天为坚持改变意愿所做的努力。

即便某个改变并不顺利，甚至在一开始的时候就不顺利，这种方法仍然会让你感觉自己处在正确的轨道上，并让你有动力去努力改变。

进步的重要性

自我监测也具有激励作用。例如，当一天结束时，你意识到自己忘了练习想要做到的行为，那么这将确保你在第二天更加警觉。而当你能记录下某个行为在今天起到的作用时，你就会体验到一种小小的成功。进步带来的愉悦感，很棒！

一步一步地，你就在大脑中建造了一条默认的路径，养成了一个新的习惯，使你更接近预期的目标。

几年前，我采访了哈佛大学商学院的研究员特蕾莎·阿马比尔（Teresa Amabile）。她说，取得进步，更准确地说，是在人们认为重要的目标方向上取得进步，绝对是人们工作中最强有力的激励因素。

阿马比尔称，这种小小的胜利让人们不断前进。就像我说的那样：自我监测有助于体验到这种进步。

以此为鉴，管理者就有了一个相当特殊的责任：每天都必须记录两个追踪表。他们必须监测自己的行为，而且必须追踪记录自己的员工是否取得了某些进步。

一步一步地，你就在大脑中建造了一条默认的路径。

管理者在这方面最重要的任务是消除困惑、障碍和瓶颈，让员工能够做出理想的行为。

定期调整

多年来，我一直记录着一张清单。这张清单不只包含偶尔出现的新的理想行为，还包括一些我永远无法成功地自动完成的行为，如锻炼和与营养相关的事情。

我每天早上都会更新这张清单，回顾前一天的情况，写下哪些事情做得好，哪些做得不好。同时，我也以同样的方式展望即将开始的一天。

另一件重要的事情是，我会定期调整自己的追踪清单和自我监测的方法。因为一段时间过去后，我在不经意间就会产生熟悉感和无所谓的感觉：哦，不，又是同一张清单！这就是一个信号，当我产生这种想法时，我就会从用手机记录改回用纸记录的老方法，或者反过来。我还会再次研究一下清单上列出的行为，必要时对其进行更新。

关于支持技术这方面的诀窍，现在就说这么多吧。也许现在，在阅读了本书以后，你已经决定要试一试了。那很好！我很高兴能在你的成长之路上帮到你。因此，在下一章，我将介绍丰富的例子，讲一讲“梯子”在实践中如何发挥作用。

✓总结

- 确保社会和物理环境使人们容易做出理想的行为。
- 为关键时刻，也就是难以继续变革的时刻，做好充分的准备。

- 对行为的自我监测有助于你开始行动，并继续努力改变。

思考题

哪些具体的支持技术可以帮助你实现正在考虑的改变？

8

实际运用“梯子”

- 使用“梯子”来工作：就是这么简单！
- 个人的变化、组织的变化和社会的变化。
- 20秒会怎样改变你的生活？

20世纪末，我刚刚成为一名独立创业者，在一家大型银行的总部做项目。我学到了很多，但也很困惑。我曾经从许多企业家那里学到，必须尽可能地简化自己的战略。一张A4纸，几个明确的选项，足矣！

然而，当我在那家银行工作时，我需要与来自知名大机构的各种顾问打交道。他们也会制定战略，但比我的战略要复杂和详细得多。其中一家机构制作了一份互联网战略计划，有300多张PPT。他们还制作了一个附件，对"几件"事进行了更详细的阐述——总共1 100页！所有人都对此印象深刻，我亦如此。但是，这些文件中的所有建议均未真正落实过。

如今，我年纪稍长，智慧稍增，我又用回了我那张方便的老A4纸。为什么？我在本书的开头提到：制订一个你不会执行的计划，和没有计划一样，都毫无价值。

特别是如果要做新的事情、改变和发展，那么我的建议是：制订一个简要的计划，然后开始去做。尝试、实验、学习并适应。如此你才会发现真正有效的方法。

本书第8章列举了许多在使用"梯子"的初始阶段可以

用到的实际建议。这些建议适用于个人发展及组织和社会变革。

使用“梯子”来工作

使用“梯子”并不复杂。这正是我在全书中试图向你说清的。首先，你要自上至下地规划你的变革。你要明确目标，将其转化为行为，并选择支持方式。本书有助于你做到这一点。本书附录给出了一个有用的检查清单，列出了数十个用来界定你的目标、行为和支持的窍门。

然后你就可以开始行动了。你要自下至上地尝试，看看它是否有效。你要确保支持技术已经到位，然后尝试新的、理想的行为，并朝着你的目标努力。在此过程中，你会看到变革进展如何，并在必要时调整。

你所做的实际上是明智地利用了行为学研究的成果。当你这样做计划时，你利用了各种基于实证的见解和技术。而当你这样去尝试变革时，你要自己研究：批判地审查所做的计划是否真的有效。

计划：自上而下

在5~7章，我们详细研究了“先目标，再行为，后支持”的自上至下做计划的方式。我给大家最重要的建议就是：以结构化的方式来做计划，遵循此种模式，参考本书附录，用上你的常识。以下列举了一些额外的提示。

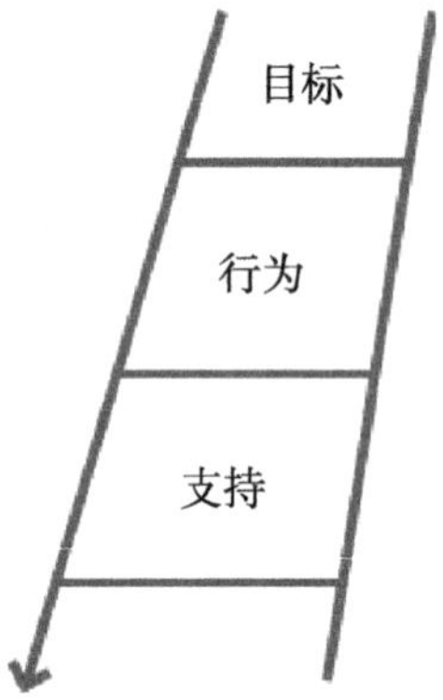

“梯子”：自上至下地尝试

（1）在选择目标时：如果你对要实现的目标的选择有影响力，那么不要让自己被迫去选择那些对你个人没有吸引力的目标。自上至下地计划可以测试你的积极性。如果你感觉不愿意分析自己的行为或安排相关的支持，可以视此为一个有用的征兆。因为很明显，这个目标对你来说还不够重要。

（2）在选择行为时：首先分析各种可能的行为。例如，研究你自己及他人的最佳做法，然后做出你的选择。确保始终检查计划中的因果关系。你选择的行为会达成你想要的目标吗？这其中的因果关系合理吗？

（3）在安排支持时：要充分发挥创意。你可以系统地处理许多有关行为改变的问题。但当涉及安排相应的支持方式时，如在你考虑对环境做出改变时，你就需要充分发挥创造力了。使用本书附录中的内容，学习其他人的案例，看一看各种选择的可能性，并针对每个创意都问自己一个关键问题：理想行为的可行性和影响是什么？

尝试：自下而上

一旦你制订了计划，包括目标、行为和支持，就是采取行动的时候了，你要尝试一下你的计划。

本书附录包含了自下而上攀登“梯子”的许多说明。

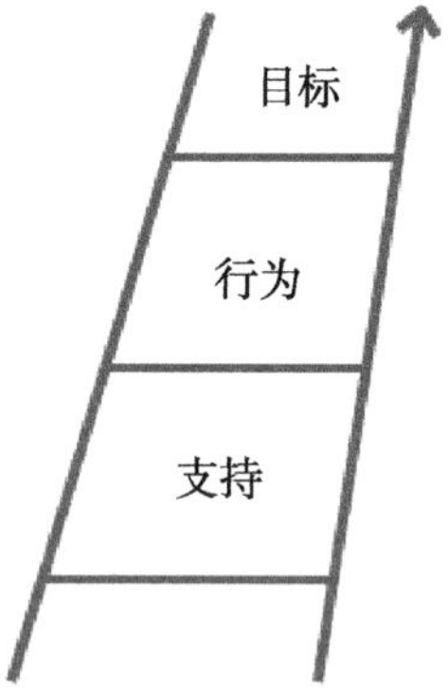

“梯子”：自下至上地尝试

以下是你应该考虑的几个重要提示。

（1）要不断意识到，改变是为了学习。改变不是为了证明你已经设计出了完美的计划，也不能抱着此种态度：看看我啊，我第一次就做对了。这完全不重要，改变是要找到一种适合自己的方法，让你能够更接近目标。这才是唯一标准。事实上，你会不断地经历“经验循环”。你产生了一个如何推动一次改变的想法，你开始去做，然后看看是否有效。这将是一个持续的实验。

（2）要做好实验，你需要一些规则。我在这里提几条，你还会在本书附录中找到更多。

- 事先规划好评估时机：不要持续评估，而要在开始实验前设定好日期。根据你已经获得的信息，决定是否继续走你选择的道路。

- 在评估之前确定标准：你会对怎样的结果感到满意？你的改变何时好，何时不好？

- 利用你的常识随时调整，并使用“梯子”模型来帮助你。怎么做？如果你经常无法将期盼的行为付诸实践，请仔细审视你的支持是否足够有力，或者该行为是否有些过于雄心勃勃。如果你做到了这种行为，但并没有更接近自己的目标，请问问自己：我选择的行为正确吗？还是说——另一种可能性——目标也许太过远大了？

（3）要意识到，有些问题会一直存在。你正在处理的一些问题会在你处理它们的过程中发生变化。还有一些问题则过于复杂，以至于你根本没有机会看到它们的全貌。这类问题被称为“邪门的问题”，是你无法用一小时会议和一点点逻辑思维来解决的。很多人难以处理的一个“邪门问题”是：我怎样才能过上有价值/有意义的生活？

你无法用一小时的会议来解决那些根深蒂固的问题。

三个例子

为了启发你，我在这里列举了三个简短的例子，说明如何根据“梯子”模型来制订计划。这三个例子分别如下。

（1）如何停止不断“救火”。

（2）发展鼓舞人心的领导力。

（3）为改善健康而努力。

例1：如何停止不断“救火”

很多人在工作中都承受着压力，感觉自己一直在“救火”。你如何利用“梯子”模型来解决这个问题？这里有几个建议。

目标

首先，你必须知道自己的目标是什么。你是想更聪明、更快地完成同等的工作量，还是想减少工作量？抑或是你想更好地在“不得不做且花费大量精力的工作”和“想做且能给自己带来能量的工作”之间取得平衡？

- 一个学习目标或许是：在未来三个月，我想尝试不同的方法，在不得不做的工作和我喜欢做的工作之间实现更健康的平衡。

- 为什么？因为我想在未来的日子里一直做愉快的、有用且很棒的工作。为他人，也为自己。

行为

和一位同事一起，对你目前的状况进行批判性审视。很多事情都可以变得更好。你经常同意接受那些与你的目标无关的任务，而且一些任务的要求与你的能力不一致。你决定开始你的学习之路，对那些无助于你的目标的工作，要更经常地说“不”。

- 你期望的行为是：如果有人要求你承接一项任务，你首先要确认它是否与你的优先事项相符。如果不相符，你要以友好但坚定的方式说“不”。

支持

浏览本书的附录，寻找可能对你有用的技巧。你选择了以下四项。

- 把个人工作优先事项清单放在桌子上。这不仅是为了提醒你改变的意愿，也是为了让你可以迅速抉择是否要对某项请求说“是”或“不”。

- 你列出一份概览，预测五个“关键时刻”，也就是你预计自己会很难坚持改变意愿的时刻。你想出了在这些情况下说“不”的不同方法，并加以练习。

- 询问你的同事是否会继续支持你。他承诺每周一都会来问你改变的进展如何。

- 每天都要用手机记录你是否成功地坚持了自己的改变意愿。

例2：发展鼓舞人心的领导力

许多管理者都希望能做出真正的、积极的贡献。如何利用“梯子”模型来帮助你实现这一目标？这里有几个思路。

目标

一段时间以来，你一直觉得有必要发展自己作为管理者的技能水准。一个需要问的问题是：为什么？你是想推进自己的职业生涯发展还是为了得到你的团队更高的投入度，抑或是希望有更多的创新力和创造力？

团队成员是否敢于说超乎常理的话，做超乎常理的事？

- 一个学习目标可以是：今年，我想学习以各种方式激发我们团队的创造力。
- 为什么？作为一家公司，我们必须应对强大的竞争对手，如果我们想继续良好地运作，就需要所有员工的创意。

行为

你决定参加一个以“心理安全”为主题的启发式领导力课程。这里的主要问题是：团队成员是否敢于表达和尝试偏离常规的想法，并且不会感到不舒服？作为一名领导者，你处于造成影响的最佳位置。

- 你根据课程所教的内容迈出第一步：在会议中，在开始每个项目议程前先向大家提问；确保每个人都有平等的发言时间；对每个人的贡献都表示赞赏。

支持

你浏览本书的附录，寻找符合你个性的支持技巧。你选择了以下四项。

- 在下次会议上，你告诉团队你从现在起想做什么，以及为什么。你请他们在这件事情上配合和协助你。

- 在你开会所用的文件中，贴上一张写有以下字样的便签：以问题开始；给每个人平等的发言时间；表示我的赞赏。

- 你认识其中一个团队成员已经很久了。你问她是否可以在每次会议后给你一些反馈。哪些方面还可以做得更好？哪些方面做得不错？

- 你买了一个记事本，把它作为你的变化记录本。每天，你都要记录是否遵循了自己的行为意愿，以及其他内容。

例3：为改善健康而努力

很多人进食过多，运动太少。而且人们往往没有花足够的时间去放松。作为个人，你如何利用“梯子”模型来改善你的身体健康？有以下几种可能性。

目标

首先你要明确你的目标是什么。你想减轻体重吗？你想跑马拉松吗？还是你想感觉更健康？

- 你的学习目标可以是：明年，我想一步一步地养成健康的生活方式。今天，我会给自己的生活方式打5分，满分10分。一年后，我希望给自己打7分。

- 为什么？你选择最近读到的一句格言：没有人可以选择自己活到多少岁，但可以选择如何变老。

行为

你去看家庭医生，向他征求意见。你还阅读了几篇报纸科学副刊上的文章。在互联网上，你更详细地研究了几个相关主题。你决定一步一步地实验以下三个行为。

- 理想行为1：首先，你努力培养健康的睡眠习惯。你每天晚上在同一时间上床，关掉手机，读几页内容轻松的书。

- 理想行为2：两个月后，你增加运动量。一开始，你每天晚上吃完饭后去散步20分钟。随后，你可以决定是否增加散步时长。

- 理想行为3：两个月后，你对自己的饮食习惯进行实验。你用了医生给你的一个简单建议：不要在吃晚餐时决定你要吃多少东西，而是提前一小时决定。监测这一点，看看它是否有效。还有，你要确保每顿晚餐中蔬菜都是主要的成分。

支持

你研究本书附录，选择了以下四个吸引你的支持技巧。

- 买一个新的枕头来帮助你睡得更好，拿出一笔钱来买一双步行鞋。
- 你在手机上下载一个应用程序，每天提醒你新的"习惯"，并帮助你监测自己是否每天都在实际执行这一行为意愿。
- 你列出一张清单，列出你预计自己很难坚持改变的时刻。对于每个关键时刻，想出一个能帮助你坚持下去的方法。
- 你与一个好朋友达成协议，每周五晚上两人打一通电话，聊十分钟。回顾上一周的情况，预测下一周的情况。

“梯子”在各种环境中的应用

你可以在个人层面应用“梯子”模型，也可以采用此模型在或大或小的群体中实施改变，如作为一位管理者或社会工作者。

这里有一些在以下方面使用“梯子”模型的诀窍。

（1）个人领导力。

（2）变革管理。

（3）社会变革。

“梯子”与个人领导力

如果你想把“梯子”应用到自己身上，应用到你的个人生活或职业生活中，那么你就是在关注个人领导力：一门规划和引领自身发展的艺术。

这不是一种业余爱好，也不是一件奢侈的事，在今天的工作环境中绝对不是。世界正在迅速地变化。你毕业时学会的那些知识和技能已经不足以让你成功地完成工作并享受工作直到退休。你需要继续提升。

个人领导力不是一种业余爱好，也不是一件奢侈的事。

第7章中的许多诀窍都与个人发展和变化有关。以下是使用“梯子”模型和本书时需要注意的三个方面。

对自己的思维过程要有批判性

我已经多次提到：人们的大脑明显偏爱便捷。你可以利用这个事实来激励新的行为。但是，当你制订变革计划时，这种对便捷的偏爱可能会成为一个隐患。

要意识到这一事实：人们都会——自动地——对自己熟悉的、容易接受的目标、行为和支持技术更加偏爱。因此，在这个过程中你要向自己提出一个关键的问题：我是否愿意选择一种感觉不那么熟悉，会花费更多精力，但可能更有效的方法？

考虑各种选项

在选择你的目标、行为和支持技术时，不必着急，在做出选择之前要考虑各种选项。怎么做到这一点？与不同的人讨论你的改变意愿。把你的想法写下来，在不同的情况和状态下再读一遍，并问自己：如果我必须以完全不同的方式来做这件事，我会怎么做？特别要寻找其中的矛盾之处：请其他人对你的计划进行严格的评审。其中是否有明显的逻辑错误？你是否完全忽略了某些东西？

不要等到百分之百确信了才去做

的确，制订一个好的计划很重要，但注意不要过度。花几天时间做计划，然后就开始行动吧。请切记，“梯子”是一种学习模型。你制订一个计划，然后去试一试，看看它是否有效。你的目标不是“一次就做对”，而是“发现行之有效的做法”。

有些人没有安全感，要求事先有各种保证：这真的会成功吗？我怎么知道这肯定能成功？“梯子”为你提供以下保证：你将学习并发现所有事情，包括你的目标、行为及对你有效的支持技术，你将取得进步。

“梯子”与变革管理

组织中的变革可能会有各种形式、各种规模。例如，提高对客户的关注度，引入一种新的管理方式，让创新过程变得更明智……

在某种情况下，你会和一个团队一起为一个计划工作几天。而在另一种情况下，你用一小时的时间独自为一场会议做准备。在这两种情况下，“梯子”模型都能够帮助你以一种结构化的方式来看待变革。

这里列举三个在企业环境中使用“梯子”的实用技巧。

保持这个顺序：先是“谁”，后是“什么”

如果许多人一起变革，那么大家就要一起走完“梯子”的所有上下步骤。在考虑变革的过程中，平等的发言绝对是行之有效的方式，只要你作为管理者在这个过程中是透明的。例如，明确地说明你将如何处理下属提出的想法，或者明确地定义一些标准，如在财务领域，并承诺：所有符合这些标准的想法都将得到讨论。

大多数变革专家都同意这样的顺序：首先要确保有合适的人聚在一起，然后开始考虑变革的内容。如果不可能让每个人都有发言权，那就选那些受同事信赖的人发言。

是的，我知道：自己做变革计划会快得多。但我保证，当你开始尝试执行的时候，你还是一样要花时间。

和大家一起学习

几年前，我在一次研讨会上与一位经理交谈。他对我说：“我有一个问题，我们在四个部门进行变革试点。这花费了我们许多时间和精力，但我们找到了一些行之有效的方法。现在我们想把这个解决方案推广到整个组织的其他部门。但我们注意到，这一推广过程一点也不顺利。”

我给他的问题和建议是：“如果那些试点和实验帮助你们一起实现了变革，你为什么不继续做下去？不要再推广了，只做试点就好。”共同实验是有效果的。大家一起学习、纠偏，再调整。人们通常会对自己参与制订的计划更加满意。

不要再推广了，只做试点就好。

确保量体定制

很多时候，人们都想以同一种方式对待所有人，尽管他们之间存在很大差异。人们要求所有人实现相同的目标，做出相同的行为，并为他们提供相同的支持。

从我自己的研究中，我学到的最重要的教训之一是，这种方式并不奏效。那么什么是有效的呢？以下是我的三个建议。

- 与员工一起制定个人目标。
- 允许员工在变革中选择自己的行为。在行为选择上的要求是：
  - 选择他们有积极体验的行为。
  - 选择在短期内不仅能为公司而且能为他们自己带来积极结果的行为。

» 选择不会与他们的其他重要任务产生冲突的行为。

- 作为管理者，想一想你可以给团队中的每个人提供哪些量体定制的支持手段。

“梯子”与社会变革

社会变革可以涉及无数的话题：减少二氧化碳排放，正确地填写税务报表，减少烟草和酒精的使用等。这些都是巨大的、复杂的话题，但共同点是它们都围绕着行为改变展开。从社会目标到期望的行为——通常是不同目标群体的行为，再到支持措施，一步一步地往回实施，这也是决策者和董事会成员可以使用的实际方法。

下面是在社会变革中应用“梯子”的三个重要诀窍。

先在小范围内进行试验

政府可以通过不同的方式来“支持”公民想要达成的行为，如规则、经济激励、沟通和公共空间的设计。

在对公民实施新措施之前，首先做一些小规模的试验是有益的。不需要大规模的试验补贴和经济刺激手段，而是进行小规模的试验。就像一家新公司先在小型客户群体中测试不同版本的产品一样，政府也可以测试一下新政策，看看在真实情况下，哪些是行之有效的。

从一些小规模的试验开始，在你的员工中模拟，或者在学生中测试。这可以给你一个机会，在投入大量资金之前，测试自己在人类行为领域的设想。

考虑损失量

在我与丹尼尔·卡尼曼的一次访谈中，他说每项政策措施都会产生赢家和输家。因为损失的激励力量比胜利的激励力量大，所以输家总是比赢家更努力地争取自己的利益。

卡尼曼认为：“正是这种不对称的情况使得大规模变革如此困难。其成本也自然比大多数政策制定者预期的更加高昂和耗时。因为无论以何种方式，你都必须对输家进行补偿。”

我的结论是：不考虑“损失厌恶”的力量的政策制定者和社会工作者有可能最终成为最大的输家。

要开放

我在前文已经提到了“助推”的使用。那些小小的助推——往往在人们没有意识到的情况下，会把人们推向理想的方向。

各国政府也在越来越多地使用“助推”。例如，利用小小的助推手段让公民更快地交税，或者让学生更少地借贷。

并非所有人都对这种方式感到满意。有些人认为以这种方式施加影响力是在操控人心，因为它利用了潜意识机制。

作为辩解，你可以说：“每个人都在不断地被不同选项的呈现方式影响。”例如，在超市，人们会更快地伸手去拿那些摆放位置与他们的视线呈现水平方向的产品，这是真的。但政府并不是超市。因此，如果你是一个政策制定者，最好向公众说明你为什么要采取某项措施。

写在最后

每个重大的改变均始于某个小的创意行为。例如，你可以在自己身上尝试本书中的一个诀窍，或者与朋友和同事一起讨论“梯子”模型。

但采取最初的行动时，你往往需要一些胆量。因此，在本书的结尾，我想与大家分享一个我自己的故事。

前几年夏天，我最小的女儿柏妮丝从小学升入中学——相当激动人心的时刻。在开学那天，几十个孩子和几十个家长站在一起，大家看起来都有些紧张。

突然，柏妮丝走到离我们几米远的另一个女孩身边，开始跟她交谈。我以为她们以前在什么地方见过，还为柏妮丝感到高兴。至少她在新学校有一个认识的人。

但当我在几小时后去接柏妮丝时，她告诉我，她以前从未见过那个女孩。“所以你只是觉得这个女孩可能很友善，所以就走过去打招呼了？”我说，“你做了件很勇敢的事。”“是的，我当时想，我应该学习最近看的那部电影里的做法。你记得那部电影吧？片名叫《我们买了家动物园》

（*We Bought a Zoo*）。”

我想起来了，那是马特·达蒙（Matt Damon）主演的一部电影，电影里他（你已经猜到了）买了一家动物园。

在电影里，他给了儿子一些重要的建议：“知道吗？有时你只需要20秒的疯狂勇气。真的只需要20秒可能令人尴尬的勇敢。我向你保证，会有伟大的事情发生。”

显然，这个建议给我女儿留下了深刻的印象。现在它也给我留下了深刻的印象。

有时你只需要 20 秒的疯狂勇气。

只要深吸一口气，在20秒内表现出难以置信的勇气。这就是你在新学校的第一天感觉愉快和不愉快的区别。这也是你读完一本书后，是真正去用它，还是就简单地读一读的区别。这还是梦想与成功改变的区别。

总结

- 计划：先目标，再行为，后支持。不要花太多的时间，只要开始就好。尝试：先支持，再行为，后目标。
- 切记，改变是一个学习的过程。没有人能第一次就做对。
- 迈出第一步是困难的，但这一步将决定你是继续做梦还是真正改变。

思考题

在你认为对你很重要的改变中，最初的一个小的、具体的步骤是什么？你将在什么地方注入“20秒的勇气”？

附录：
行为改变的自查清单

这份清单包含来自行为改变科研成果的82条建议。这些建议将增加改变的成功概率。

选择这些建议的依据是行为学研究，并且我将按照“梯子”的原则来排列这些建议。首先，你会得到关于明确目标的建议，然后是关于描述行为的建议，接着是关于支持的建议，最后还有一些关于计划和尝试改变的建议。

你可以将这些建议用于个人行为的改变，也可以用于小型或大型团体的改变。

设定你的目标

“梯子”的最上面一级是目标。每个计划中的改变都有一个目标—— 一个你认为重要的、想要为之奋斗的新情况或新结果。

下文给出了来自行为学研究的实用技巧，可以帮助你做到以下几点。

（1）准备好选定某个目标。

（2）构思目标。

（3）选择和定义你的目标。

准备好选定某个目标

这些建议将帮助你以最有效的方式来明确你的目标。

建议1：如果可能，让人们自己选择和制定目标，一个与他们认为重要的事情相关的，而且他们认为自己能够实现的目标。

建议2：让其他人参与到思考目标的过程中。这将带来更多不同的见解，因此你往往能做出更好的决定。

建议3：利用研究，看一看有没有可以给你带来启发的研究，以及哪些目标对你的情况来说可能是有效的。

建议4：利用好的经验，选择那些过去在类似情况下曾被证明有效的目标。或者选择一种或多种在过去被证实很有效的构思目标和选择目标的方式。

构思目标

这些建议将帮助你构思出一个目标，这将使行为的改变（及目标的实现）变得更加容易。

建议1：在实践中确定你目前在工作或私人生活中试图实现的目标，看看这个目标是否有效。避免自欺欺人的选择。例如，选择与前一年相同的目标，然而随后事实证明这些目标不具有激励效果。

建议2：尽可能从发展的角度而不是从绩效的角度来制定你的目标。也就是说，在你的目标中加上学习。例如，在目标中加上几个词："并且我知道，这将是一个不断试错的过程。"

你可以在第5章找到更多相关信息。

建议3：想出一个与更远大的目标相关的目标。当你知道为什么这个目标很重要时，你就会对这个目标有更强烈的动机。

你可以在第5章了解更多相关信息。

建议4：问问自己此刻什么是最紧迫的，找到那个不能再等的目标。你有一个机会、一个威胁或一个问题，此刻它很重要。

你可以在第5章了解更多相关信息。

建议5：问问自己如果不开始去实现这个目标，会不会后悔。预先考虑未来可能会后悔（预期会后悔）可以增加你实现目标的动力。

建议6：在目标远大和可行性之间寻找一个良好的平衡。远大的目标通常会带来更大的动力，只要你确信这个目标是可行的。

选择和定义你的目标

这些建议将帮助你选择和描述自己的目标，增加改变的成功概率。

建议1：列出一份可能的目标清单，根据以下三个标准进行选择。

（1）对更远大的目标的影响。

（2）可行性。

（3）可能产生的积极副作用。

因此，选择一个目标，它既能使你的梦想或理想离你越来越近，也能真正实现，还能在这个过程中产生积极的副作用。

建议2：选择一个定义清晰的目标，而且在实操中，目标的复杂度不会让目标无法实现。

建议3：消除彼此冲突的目标。是否有其他现存的目标会破坏你对当前这个目标付出的努力？例如，有可能这些目标指向不同的方向，或者这些目标用到了有限的资源，如时间、精力或金钱。如果可能的话，消除其他目标。

建议4：是否仍有不止一个目标？如果是，拟订一份明确的优先等级清单。按照重要性对你的目标进行排序。

你可以在第5章了解更多关于这个技巧的内容。

建议5：检查一下这个目标是否与人类行为的三个驱动力相关。问问自己以下几个问题。

（1）我是否相信自己拥有为这个目标努力所需的知识和技能？（能力）

（2）我真的想为这个目标努力吗？（动机）

（3）我是否有机会为这个目标努力？（环境）

建议6：用清晰、具体、形象的语言来定义你的目标。如果你成功了，结果会是什么样子？如果是学习目标，有什么是你能做得更好的，且与你现在所做的不同的？

建议7：把你的目标写下来，还要写下为什么该目标对你很重要。同时也要注意在你制定目标的过程中出现的其他有趣的情况。

建议8：与他人分享你选择的目标，如果可能的话，面对面分享。这可以增加你努力的动力。

定义你的行为

“梯子”的中间一级是行为。为了取得新的、更好的结果，你往往需要新的、更好的行为。

下文给出了来自行为学研究的实用技巧，可以帮助你做到以下几点。

（1）准备好选定某个行为。

（2）构思新行为。

（3）选择和定义你想要的行为。

准备好选定某个行为

这些建议将帮助你找到最有效的方法来寻找和描述能使你更接近目标的行为。

建议1：如果你是在一个团体中实施变革，如果有可能的话，让大家自己选择和设定与目标有关的行为。这将让人们的行为与他们的能力、动机和环境更加匹配。

建议2：不要独自设定期望的行为，而要让其他人参与这个过程。更多不同的见解往往会带来更好的决定。

建议3：利用研究，寻找能够给你带来启发的研究，它们会告诉你哪些行为是有效的，哪些行为使你更接近目标。

建议4：利用好的经验，看看过去在类似情况下，有哪些行为被证明是有用的，不论是对你还是对其他人来说。

构思新行为

这些建议将帮助你构思新行为，真正实现你的目标。

建议1：在实践中找出针对选定的目标，当下有哪些相关行为正在展现。去观察，如果有必要，请其他人观察，以免做出基于假设而非事实的选择。

建议2：确定你的优势。优势是你擅长的活动（能力），能给你带来能量（动机）。如果你选定的行为是基于优势的，就能够增加改变成功的概率。

你可以在第6章了解更多相关信息。

建议3：用积极的表述方式来描述期望的行为。要说你将做什么（而不是你将不做什么）。换句话说，不要设定这样的意图："我要停止*X*行为。"而要设定这样的意图："如果我觉得自己想做*X*行为，那么我就做*Y*行为来代替。"

例如，如果你想减少花在手机上的时间，那么就选择一个有吸引力的替代行为。你可以这样做："如果我必须等待，那么我会读几页我带来的书。"

建议4：尽量不要选择你可能只表现一次或几次的行为，而要想出一个你能够一直维持的行为。想出积极的新习惯（如你正在努力进行个人改变），从而确保从长远来看，你会更好地成为你想成为的人。

建议5：如果可能，选择你喜欢做的行为。在执行一项任务时体验到积极的情绪，可以确保你会开始行动并坚持下去。在执行一项任务时体验到消极的情绪，则会导致完全相反的情况：拖延和放弃。

你可以在第6章了解更多相关信息。

建议6：如果你想用新的行为来取代旧的行为，那么要弄清楚旧的行为给你带来了什么，当前你不想要的行为带来了什么直接回报。问问自己：“我能用新的、想要的行为获得同样的回报吗？我能避免损失吗？”尝试安排额外的积极刺激，以鼓励新的行为。

建议7：利用“如果……那么”意愿。例如，“如果我必须上一两层楼，那么我一定要走楼梯”。通过这类意愿，你会将你的行为与现有的习惯或具体的情况联系起来。这样一来，你就可以增加你实际做出该行为的机会。

你可以在第6章了解更多相关信息。

建议8：在制定你的行为意愿时，不要一开始就有太大的野心，要想得“简单”一些。尽可能使第一步变得简单。这将很快给你带来成功经验，并将增加你坚持下去的概率。之后，你可以一步一步地扩大这个行为。

你可以在第6章了解更多相关信息。

建议9：如果你认为第一步对你自己或必须做出该行为的人来说有点太大了，不要犹豫，制定一个更小的第一步。

为什么？因为如果你无法开始做出你想要的行为，那么你的改变甚至还未开始就结束了。

你可以在第6章了解更多相关信息。

选择和定义你想要的行为

这些建议将帮助你选择和描述你想要的行为，以增加改变成功的概率。

建议1：列出一张可能的行为清单，并根据以下三个标准来做出选择。

（1）行为对你的目标的影响。

（2）该行为的可行性。

（3）可能产生的积极副作用。

除此之外，还可以使用一个标准：该行为容易被观察和测量。因为这会让运用各种支持技术（如监测进展）变得更加简单。

建议2：最好选择一个行为，或者选择两个密切相关的行为。例如，“我想每周二和周四早上6点半去跑步，而这也是我想在周一和周三晚上11点睡觉的原因”。

建议3：消除冲突的目标。是否有其他现有的目标在干扰你的计划？然后，如果可能的话，消除其他目标。

建议4：确认你选择的行为是否与人类行为的三个驱动力有关。问自己以下问题。

（1）我相信自己可以做到这一点吗？（能力）

（2）我真的想做这件事吗？（动机）

（3）我是否有机会做这件事？（环境）

建议5：非常清晰地描述你期望的行为，即谁要做什么，在哪里，什么时候，和谁一起。以明确定义指令的形式，为必须做出该行为的人定义该行为，即使这个人是你自己。

你可以在第6章了解更多相关信息。

建议6：如果你在制定目标时使用数字，可以的话，设定一个“低–高”目标。也就是，不要说：“我每周要做6次。”而要说：“我打算每周做5 ~ 7次。”这对很多人来说会更有动力。

建议7：写下你期望的行为，同时明确描述你的行为与所选目标之间的关系。这个行为将如何使你更接近目标？还要注意你在构想该行为时出现的其他重要观点。

建议8：如果可能的话，与其他人面对面地分享你选定的行为，这将增加你开始努力的动力。

安排你的支持

“梯子”的最下面一级是支持。支持指的是帮助你将新的理想行为付诸实践的技巧。没有支持，行为改变就注定会失败。

下文给出了来自行为学研究的实用技巧，可以帮助你做到以下几点。

（1）准备好选定某个支持。

（2）构思你需要的支持技术。

（3）选择和定义你的支持技术。

准备好选定某个支持

这些建议将帮助你以最有效的方式挑选支持技术。

建议1：如果你是在一个团体中进行变革，如果可能的话，让大家自己选择他们的支持技术。每个人选择自己认为改变行为所需的支持技术。

建议2：让其他人参与有关支持的思考过程。这将带来更多不同的见解，因此往往会有更好的选择。

建议3：利用研究，使用支持技术，如本清单中的技术，它们已被证明在不同的情况下有效。

建议4：利用好的经验，看看那些过去让你有积极体验的支持技术。

构思你需要的支持技术

下面列出了一些实用的技巧和具体的行为改变技术，你可以将多种技巧结合使用，激励你实现想要的行为改变。

建议1：在实践中，无论是在职业生活还是在私人生活中，确定你目前在支持方面做了哪些事情。你已经使用了哪些技巧？它们对于你的情况是否有效？

建议2：将你的思考建立在人类行为的三个驱动力上。你自己或其他相关人员的能力是什么？动机和环境呢？你可以问自己诸如此类的问题：目前，行为改变的最大障碍是什么？是什么阻止了我或他们的改变？我又能做些什么？

最有效的一个问题是：如果要增加理想行为出现的概率，有什么是我们需要做的？

建议3：通过调整社会和物理环境，使理想行为尽可能容易实现。尽可能地消除抑制力，即消除做出理想行为的障碍。

你可以在第7章了解更多相关信息。

建议4：通过在直接环境中设置“触发机制”，提醒自己或与你一起改变的人注意理想中的行为。可以在环境中添加明显的提醒标示，如写有你的目标或理想行为的海报或符号。

建议5：确保行为指令的表述是明确的。例如，在醒目的位置放置规则、检查清单或操作流程。

举个例子，很多医院的急诊室都把ATLS流程挂在墙上。这个缩写代表高级创伤生命支持流程，这个流程可以帮助医生在高压力状况下做出正确的决定。

建议6：找到一个好的榜样，一个能做出你的理想行为的人。最好在你眼前的环境中找。如果无法找到，则通过视频或其他视觉方式来学习。人们会模仿与自己相似的人的行为，这往往会增加人们对自己能力的信心。

建议7：确保你可以从执行理想的行为中立即得到奖励，或者以其他方式对你在表现出理想的行为时所做的努力给予奖励。当人们的大脑将新的行为与愉悦的感受联系起来时，如由于受到赞美而产生的愉悦感，他们做出这种行为的倾向就会增加。在心理学中，这种机制被称为正面强化。

有一点很重要：你在表现出应被奖励的行为后，应该立即获得奖励。但你不必每次都奖励自己。研究表明，“部分强化”，也就是偶尔奖励，比每次都奖励的效果更好。

举一个实际的例子。在一个团体中，你们可以达成协定，在某人表现出新的理想行为时，定期鼓励和赞美对方，并从自己开始这样做。

建议8：将更多的积极情绪与理想的行为联系起来。如果人们喜欢表现出理想的行为，这将是一个强大的激励，使人们能够坚持下去。

你可以在第6章了解更多相关信息。

建议9：安排好来自社会环境的支持。请朋友、同事或家人为你做出新的行为提供帮助。在实践中支持你和/或通过鼓励你来支持你。

建议10：安排反馈。确保你的环境能让你知道你是否表现出了自己想要的行为，如果合适的话，还能对你的表现给出反馈。

反馈可以以中立的/实事求是的方式发生，如通过回看自己的录像来反馈。你也可以根据一个明确的规范来获得反馈。例如，如果你没有超速，电子交通标志会显示一个绿色的笑脸；你的演讲教练告诉你，你在演讲中哪些地方做得好，哪些地方可以做得更好。

建议11：实事求是地思考未来在变革过程中会出现的困难时刻——关键时刻。然后想办法克服困难。例如，“如果出现问题*X*，那么我就去找解决方案*Y*”。

你可以在第7章了解更多相关信息。

建议12：短暂休息并反思你的目标。如果你发现在某种情况下很难表现出理想的行为，那么就短暂地停下来，提醒自己表现出理想行为的“理由”和目标。

你可以在第7章了解更多相关信息。

建议13：在你开始真正应用新行为之前，先练习新行为，可以与朋友或同事一起练习。例如，如果你想在工作中更多地对他人的要求说“不”，就先练习几次如何进行这类讨论。

建议14：利用对行为的自我监控。追踪你今天是否做出了所需的行为，可以在纸上、电脑上或手机上记录。

你可以在第7章了解更多关于这个支持技巧的信息。

建议15：确保必须改变的人知道他们朝着目标取得了哪些进展。前进的一小步会激励人们，所以要确保这些进展有被注意到。

你可以在第7章了解更多关于这个支持技巧的信息。

选择和定义你的支持技术

这些建议将帮助你选择和定义你的支持技术，使你增加改变成功的概率。

建议1：想一想我提到的大量支持技术的实际应用。你认为在你自己的情况下，你会怎样使用这些技术？然后根据以下标准，选择三个或更多的应用。

（1）对理想行为的影响。

（2）可行性。

（3）可能产生的积极副作用。

问问自己：这种支持技术真的能激励理想的行为吗？我真的能让这种技术的应用发挥作用吗？这种技术的应用会产生积极的副作用吗？例如，对表现出理想的行为给予赞赏，可能对建立更好的关系也有帮助。

建议2：选择三种或更多支持技术来激励你想达成的行为。如果你不这样做，就会有风险，你的行动会被日常的噪声淹没，你会被眼前的问题左右。

建议3：消除冲突性影响。在周围的环境中寻找那些阻碍理想行为的触发因素，甚至是触发错误行为的因素。尽可能地消除这些冲突性的触发因素。

建议4：确认你选择的支持技术是否与人类行为的三个驱动力相关。问自己以下几个问题。

（1）我真的能安排这种支持吗？（能力）

（2）我真的想这样做吗？（动机）

（3）我是否有机会做这件事？（环境）

建议5：制订一个明确的支持计划。例如，谁将负责安排该计划的不同部分？在哪里？什么时候？和谁一起？

建议6：写下你的支持计划。同时明确描述支持技术与理想行为和所选择的目标之间的关系。还要注意你在考虑支持技术时出现的其他重要观点。

建议7：与其他人分享你选择的支持技术，如果可能的话，面对面分享。这将增加你努力改变的动力。

建议8：定期变换不同的支持技术。因为一段时间后，某种熟悉感会悄然而至，支持技术的激励效果会减弱。

计划和尝试

如果你开始使用“梯子”，你将首先“自上而下”地计划你的改变。也就是先确定你的目标，将其转化为行为，并选择支持技术。

然后你就开始行动，“自下而上”地尝试，看看这个计划是否真的有效。你确保支持技术已经到位，然后尝试新的、理想的行为，并努力实现你的目标。在这个过程中，你要看看进展如何，必要时进行调整。

本附录中的许多建议都可用于计划改变。下面的一些额外建议也涉及计划，同时还有针对尝试的建议。

可用于计划改变的建议

建议1：总是先目标，再行为，后支持，一级一级地往下走。首先从“梯子”上往下走，然后往上走。

建议2：如果你和一群人一起为改变做准备，事先要清晰地商定你们打算如何共同制订计划。你们合作的程序是什么？例如，拥有平等发言权的原则适用于什么范围和程度？研究表明这一点很重要，人们需要感受到在改变计划上的合作是公平和透明的。

建议3：如果你和一个小组一起为一个大群体制订改变计划，要确保这个小组是由大群体信任的人组成的。对做出改变计划的人的信任会使改变更有动力。

建议4：对思维中常犯的错误保持警惕。心理学家辨析了几十种偏见和启发式方法，也就是直觉上的捷径和思维上的错误。正因如此，吸引眼球的故事（如“人咬狗”）比枯燥的硬数据更能获得关注。此外，人们有时会倾向于过于坚持自己的想法。

一个批判性的问题可以帮助人们思考：在制订这个计划时，我是否考虑了相互冲突的意见？

建议5：确认你的计划中的因果关系。你选择的行为会带来你想要的目标吗？其中的因果关系是否合理？你选择的支持技术能够带来所期望的行为吗？这一点是否可以预期？

建议6：确认整个改变计划是否良好地平衡了影响和可行性。还要探索：计划好的改变可能会产生哪些副作用？这些副作用是积极的吗？

建议7：确保你的计划清晰且简单。选择一个单一的目标，一个单一的行为，以及三个或更多支持技术。要注意，很多改变计划都是不明确的，导致在实践中被误解，而且没有被很好地执行。

建议8：事先计划好在执行改变的尝试阶段，你将如何评估进展。例如，你将如何得知自己是否正在正确的轨道上？什么时候？和谁一起？根据哪些标准？你期望在某个特定的时刻看到什么？事先明确说明——就像科学研究一样，你希望在特定的时间点观察到什么。

尝试改变的建议

建议1：注意在执行过程中，以及在尝试改变的过程中，改变始终是一个学习过程。尝试不是为了证明你是对的，或者证明你的计划是有效的，而是为了找到一个可行的方法——最好是尽可能快、尽可能简单的方法。同时，你需要将这一点清楚地传达给参与改变的人，在和他们沟通时使用诸如“尝试”“实验”“学习”等措辞。

建议2：如果你和几个人一起进行改变，要投入足够的时间和精力来沟通这个计划。不断提醒人们你正在努力实现的目标、你期望的行为，以及你正在使用的支持技术。

建议3：严格遵守改变计划。确保所有的支持技术都确实被用到。确认期望的行为是否被正确地做出。定期确认所有参与的人是否理解改变的目标。

建议4：保持冷静，只在约定好的时间进行评估。这将帮助你避免在改变的试运行阶段不断讨论和产生怀疑的感觉。

建议5：在试运行阶段，要对常见的思维错误保持警惕。例如，人们会自动倾向于继续走过去的路，即使这条路已经被证明不是最好的选择。持续批判地审视自己的思维是很重要的。

建议6：尽可能实事求是地评估。在开始评估之前，先问自己以下几个问题。

（1）我们是否准确地遵守了计划？

（2）有没有任何我们没有预见到的破坏性因素？

（3）还有，非常重要的是，我们有哪些关于支持、行为和到目前为止取得的成果的“硬数据”？

建议7：在评估和调整时使用“梯子”。如果理想的行为没有实现，就对支持技术进行严格审查。支持技术是否足够强大？还是理想的行为可能有点过于远大？

如果该行为确实实现了，但你没能更接近自己的目标，请问问自己：我们是否选择了正确的行为？还是说我们的目标也许过于远大？

如果有必要，调整计划，或者再次审视整个计划过程。

建议8：有很多问题会一直存在。有时你会成功地养成新的有效的习惯，在几个月内你不需要付出太多努力就能维持这个习惯。但在很多情况下，你都需要继续支持新的行为，或者调整它。而在其他一些情况下，你的行为改变会成功，但你接下来将面对一个不容易解决的根深蒂固的问题，这个问题还会以新的形式不断地出现。

请注意，“梯子”并不是一个一次性工具。它是一个模型，你可以一次又一次地运行它。

致谢

我要感谢如下所有人。

我一生的挚爱英格丽德（Ingrid），感谢她陪我一起思考我所做的每件事。还有我们的四个好女儿，玛丽亚（Maria）、伊莎贝尔（Isabelle）、艾玛（Emma）和柏妮丝（Bernice）。

感谢厄纳（Erna）、伊丽莎白（Elisabeth）、林斯克（Renske）和玛丽亚（Maria）为我撰写本书提供的所有帮助。还有编辑马琳（Marleen）和校对玛丽耶克（Marieke）。也非常感谢过去几年中对本书的早期版本提供反馈的所有学生。

《圣经》中有一个著名的故事，说的是耶稣为他的门徒洗脚。对于自己的这个行为，耶稣这样说道：“谁想成就伟大，谁就必须成为仆人。”

我相信，我们的任务是互相服务，互相帮助。这既适用于领导者、培训师、教练，也适用于写书的人。我真心希望这本书能帮助你实施许多积极的改变。

关于本·泰乐

本·泰乐博士是一名畅销书作家、国际演说家和行为科学家，致力于领导力、行为和变革方面的研究长达30多年。

泰乐博士被认为是其所处领域的顶级演说家和培训师之一。他出版了多部畅销著作，每周为荷兰的全国性报纸*NRC*撰写关于工作和管理的专栏，并在荷兰国家广播电台主持一档每周播放的广播节目。

他在欧洲排名最高的商学院之一——IE商学院担任客座教授（排名来自《金融时报》《经济学人》《福布斯》《商业周刊》），还曾在哈佛大学、奈尔洛德商业大学、鹿特丹管理学院和弗拉瑞克商学院等机构开展客座讲座。

泰乐博士在阿姆斯特丹大学获得传播学硕士学位后，又通过对组织中的行为改变进行实地研究，在阿姆斯特丹自由大学获得了商业经济学博士学位。此后，他在哈佛大学和伦敦大学学院继续深造。

泰乐博士与英格丽德共结连理，并养育了四个女儿：玛丽亚、伊莎贝尔、艾玛和柏妮丝。

改变之梯计划页

再完美的计划，若不执行，
就和没有计划一样无效

SCHOUTEN CHINA 思腾中国

改变之梯 行为改变的精巧模型

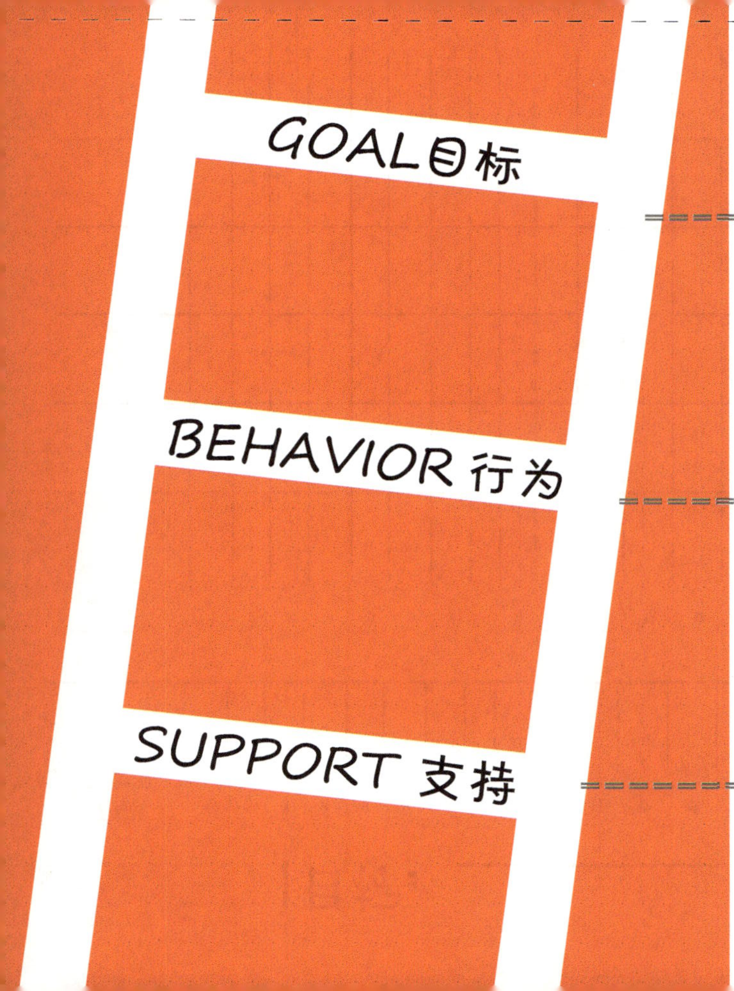

MONTH | 目标：________________ | 改变之梯执行页

SCHOUTEN CHINA 思腾中国 改变之梯 行为改变的精巧模型

行为 Behavior	1	2	3	4	5	6	7	8	9	10	11	12	13	14	15	16	17	18	19	20	21	22	23	24	25	26	27	28	29	30	31

支持 Support	1	2	3	4	5	6	7	8	9	10	11	12	13	14	15	16	17	18	19	20	21	22	23	24	25	26	27	28	29	30	31

MONTH | 目标：________________ | 改变之梯执行页

SCHOUTEN CHINA 思腾中国 | 改变之梯 行为改变的精巧模型

行为 Behavior	1	2	3	4	5	6	7	8	9	10	11	12	13	14	15	16	17	18	19	20	21	22	23	24	25	26	27	28	29	30	31

支持 Support	1	2	3	4	5	6	7	8	9	10	11	12	13	14	15	16	17	18	19	20	21	22	23	24	25	26	27	28	29	30	31

MONTH | 目标：________________ | 改变之梯执行页

SCHOUTEN CHINA 思腾中国

改变之梯 行为改变的精巧模型

行为 Behavior	1	2	3	4	5	6	7	8	9	10	11	12	13	14	15	16	17	18	19	20	21	22	23	24	25	26	27	28	29	30	31

支持 Support	1	2	3	4	5	6	7	8	9	10	11	12	13	14	15	16	17	18	19	20	21	22	23	24	25	26	27	28	29	30	31

MONTH | 目标：________________ | 改变之梯执行页

SCHOUTEN CHINA 思腾中国 | 改变之梯 行为改变的精巧模型

行为 Behavior	1	2	3	4	5	6	7	8	9	10	11	12	13	14	15	16	17	18	19	20	21	22	23	24	25	26	27	28	29	30	31

支持 Support	1	2	3	4	5	6	7	8	9	10	11	12	13	14	15	16	17	18	19	20	21	22	23	24	25	26	27	28	29	30	31

MONTH | 目标：________________ | 改变之梯执行页

SCHOUTEN CHINA 思腾中国 改变之梯 行为改变的精巧模型

行为 Behavior	1	2	3	4	5	6	7	8	9	10	11	12	13	14	15	16	17	18	19	20	21	22	23	24	25	26	27	28	29	30	31

支持 Support	1	2	3	4	5	6	7	8	9	10	11	12	13	14	15	16	17	18	19	20	21	22	23	24	25	26	27	28	29	30	31

MONTH | 目标：________________ | 改变之梯执行页

SCHOUTEN CHINA 思腾中国　改变之梯 行为改变的精巧模型

行为 Behavior	1	2	3	4	5	6	7	8	9	10	11	12	13	14	15	16	17	18	19	20	21	22	23	24	25	26	27	28	29	30	31

支持 Support	1	2	3	4	5	6	7	8	9	10	11	12	13	14	15	16	17	18	19	20	21	22	23	24	25	26	27	28	29	30	31

改变之梯反思页

再完美的计划，若不执行，
就和没有计划一样无效

SCHOUTEN CHINA 思腾中国

改变之梯 行为改变的阶梯模型

计划是什么？

- 回顾你的实践阶段。你想做什么？
- 简要而清晰地描述你的计划。

发生了什么？

- 现在尽可能实事求是地客观描述：实践过程进行得怎么样？究竟发生了什么？你的具体行为是什么？你周围发生了什么？

你对此的看法？

- 写下你对此实践的评价。你满意吗？哪些进展顺利，哪些可以改进？

你怎么解释在实践中发生的事？

- 关于进展顺利的事情：为什么进展顺利？
- 关于不顺利的事情：为什么不顺利？
- 你的能力、动机和环境在其中发挥了怎样的作用？（如果需要参考，可以复习下本书第3章的内容）。

为下一个梯子改变计划，你从中学到什么？

- 你想在你的下一个梯子改变计划中提高什么？
- 你的目标、行为或支持需要改变吗？下次练习你会做什么不同的事？